系列教材

数字化
零售运营

慕课版

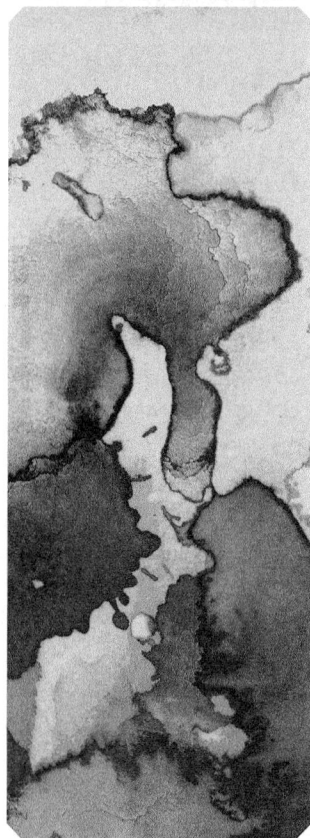

F I N A N C E   A N D   T R A D E

吴春霞 陈清
邸晓旭

主编

曹鹿玲 张霜华 贾若
徐桂珍

副主编

人民邮电出版社
北京

图书在版编目（CIP）数据

数字化零售运营：慕课版 / 吴春霞，陈清，邸晓旭
主编. -- 北京：人民邮电出版社，2023.7
职业教育改革创新系列教材
ISBN 978-7-115-61816-0

Ⅰ. ①数… Ⅱ. ①吴… ②陈… ③邸… Ⅲ. ①数字技
术－应用－零售业－运营管理－职业教育－教材 Ⅳ.
①F713.32-39

中国国家版本馆CIP数据核字(2023)第089941号

内 容 提 要

本书每个项目设置知识目标、能力目标、素质目标，并通过"如春在花"栏目引导专业课程背景下的价值教育，将社会主义核心价值观、法治意识与职业道德的培养贯穿始终。本书每个项目遵循职场情境（引出问题）、学习目标（三维目标）、任务实施（解决问题）、温故知新（复习巩固）、项目实训（能力提升）的逻辑结构展开。本书结合数字化零售运营的前沿案例，围绕"数字技术推动零售行业的变革"这一主题展开。项目一介绍了数字化零售的概念、零售的变革与数字化零售的发展等，并通过案例展示了数字化零售运营的过程。项目二、项目三对数字化零售模式、数字化零售数据分析进行讲解，并结合案例由理论到实践、由浅入深地引导读者进行思考。项目四、项目五由数字化零售运营实战出发，强调数据的应用与实战案例的解析，旨在帮助读者巩固所学知识和提升实战能力。项目六为数字化零售运营中的法律与道德，旨在提升读者的职业素养，培养读者在商业活动中诚信守法的精神。

本书可以作为职业院校电子商务、市场营销、网络营销与直播电商等专业相关课程的教材，也可以作为零售运营、网店运营等相关工作人员的参考书。

◆ 主　编　吴春霞　陈　清　邸晓旭
　　副主编　曹鹿玲　张霜华　贾　若　徐桂珍
　　责任编辑　白　雨
　　责任印制　王　郁
◆ 人民邮电出版社出版发行　　北京市丰台区成寿寺路 11 号
　　邮编　100164　电子邮件　315@ptpress.com.cn
　　网址　https://www.ptpress.com.cn
　　固安县铭成印刷有限公司印刷
◆ 开本：787×1092　1/16
　　印张：11.75　　　　　　　2023 年 7 月第 1 版
　　字数：219 千字　　　　　2025 年 9 月河北第 6 次印刷

定价：42.00 元

读者服务热线：(010)81055256　印装质量热线：(010)81055316
反盗版热线：(010)81055315

FOREWORD

############# 前 言 #############

党的二十大报告指出："加快发展数字经济，促进数字经济和实体经济深度融合，打造具有国际竞争力的数字产业集群。"表明数字经济的重要地位和作用。

数字经济快速发展，赋能零售产业，不是单纯的企业信息化升级或增加电商渠道，而是零售企业通过数字技术、业务和经营管理的深度融合，围绕消费者重构整体价值链和生态体系，基于数据流的加速传递、价值深挖和创造的良性迭代循环，构建"一切业务用数据说话"的能力，驱动零售模式的重塑。

在数字经济背景下，本书结合数字化零售的前沿案例，围绕数字化零售营销模式进行编写，立足数据引领零售产业变革的典型案例，通过对其进行拆解与分析，阐述数字化零售运营的相关知识。本书各项目涵盖了职场情境、学习目标、多个任务、温故知新、项目实训等内容，设置"抛砖引玉""学以致用""如春在花"等特色栏目，围绕学习目标，运用项目驱动式、典型案例式的写法，引导读者进行自主探索和相互协作，构建知识体系。

本书具有以下特点。

1. 融入价值教育，落实立德树人的根本任务

本书根据工作任务能力素养要求，通过"素质目标"板块、"如春在花"特色栏目，融入职业精神和工匠精神，涉及法治底线、立德修身、诚信、学思结合、沟通合作、劳动教育和敬业精神等众多价值教育元素，引导读者提升综合素质。

2. 以读者为中心，实现教学做一体化目标

本书将新技术、新知识、新产品、新工艺以案例形式引入教学，以零售运营发展及项目模块为导向设计框架，按照情境任务驱动模式，引导读者在学习和操作中思考。同时，本书为每个项目设置了实训模块，以达到让读者思考、总结、创新的目的，并通过"实训评价"引导读者进行复盘、反馈。

3. 构建数字教学生态，建设"互联网+"线上线下一体化教材

本书立足一体化教材建设标准，配有"纸质教材+数字资源+在线班级"，充分支持"互联网+"线上交互，打破传统教材的单向传输状态，融合现代化的教学手段，以适应

读者的各种学习需求。本书提供教学PPT、教学大纲等资源，读者可以登录人邮教育社区（www.ryjiaoyu.com）下载并获取相关教学资源。同时，本书配有慕课视频，读者扫描下方二维码即可免费观看视频。

人邮学院

慕课视频

本书由北京市求实职业学校吴春霞、陈清、邸晓旭担任主编，曹鹿玲、张霜华、贾若、徐桂珍担任副主编。由于编者水平有限，书中难免存在不足之处，敬请广大读者批评指正。

编　者

2023年5月

CONTENTS 目 录

项目一

数字化零售

　　李艾家楼下的一家盒马鲜生刚刚开业，其宣传单上写着："以数据和技术驱动的新零售平台，用科技和人情味带来'鲜美生活'的社区化一站式新零售体验中心。"面对如此诱人的广告，李艾决定去体验一下新零售。他走进盒马鲜生，发现店内空间比传统商超要小很多，店内零售区域主要分为生鲜区、蔬果区、休闲食品区等。生鲜在盒马鲜生门店占据主要地位，生鲜区面积占比也高于传统商超。同时店内有较大的餐饮区域，部分生鲜支持现买、现做、现吃。盒马鲜生的购物车比传统商超的要小。当消费者需要买的东西比较多时，店员会建议其在线上下单，并承诺30分钟内就可以将下单商品送到家。

　　盒马鲜生的新零售与传统零售有哪些不同呢？它是如何完成数字化零售的？李艾带着诸多疑问，决定好好学习数字化零售运营这门课程，为将来创业奠定基础。

学习目标

知识目标
- 了解数字化零售产生的原因。
- 认识数字化零售的特征。
- 知道零售的变革与数字化零售的发展。

能力目标
- 能够描述传统商超和电商的困境。
- 通过项目实训，培养小组合作能力。

素质目标
- 通过了解零售的变革与数字化零售的发展，意识到科技的快速发展提高了人们的生活水平。
- 通过了解企业案例，激发学习知识的积极性，提高与时代科技发展并行的意识。

任务一　走近数字化零售

任务描述

　　李艾很困惑：为什么盒马鲜生与传统商超差别这么大？为什么越来越多的传统商超停止经营？消费者似乎更愿意选择线上购物，虽然线上购物具有不能及时看到商品实体或者商品品质无法保证等缺点。他带着疑问，打开计算机，上网查询数字化零售的相关知识，为进行专业学习打基础。

任务实施

活动一　认识数字化零售

（一）传统商超和电商的困境

　　随着社会的发展和人们生活水平的提高，传统商超已无法满足人们日益多元化的消费需求，面对种种困境，很多传统商超开始转型升级，希望找到适合自己的新的发展方向。

　　与此同时，电商也遇到了很多困难，如消费体验差、频繁出现诚信问题、图片与实物不符等。

由此可见，无论是传统商超还是电商，似乎都遇到了发展的瓶颈。

1. 传统商超的困境

传统商超在电商的冲击下，由于门店租金及人工成本居高不下、市场竞争加剧等问题，面临着消费群分流、到家服务能力弱、运营成本攀升三大困境。

（1）消费群分流

我国食杂市场是全球竞争格局最复杂、创新速度最快的市场之一。随着消费需求和供给需求的不断升级，大型商超作为传统的"中心化"流量据点，被层出不穷的新兴业态持续瓜分客流。

在消费需求方面，消费"两极化"趋势明显，消费升级和消费降级并行。一方面，对于日常必需品，消费者追求高性价比；另一方面，对于强情感连接的品类，消费者愿意支付较高溢价，以获得差异化、个性化的商品及体验。

在供给需求方面，行业生态呈现出多元裂变、定位细分的趋势。而传统商超的价值定位逐渐模糊，其面临多业态夹击围堵，步履维艰，如图 1-1 所示。

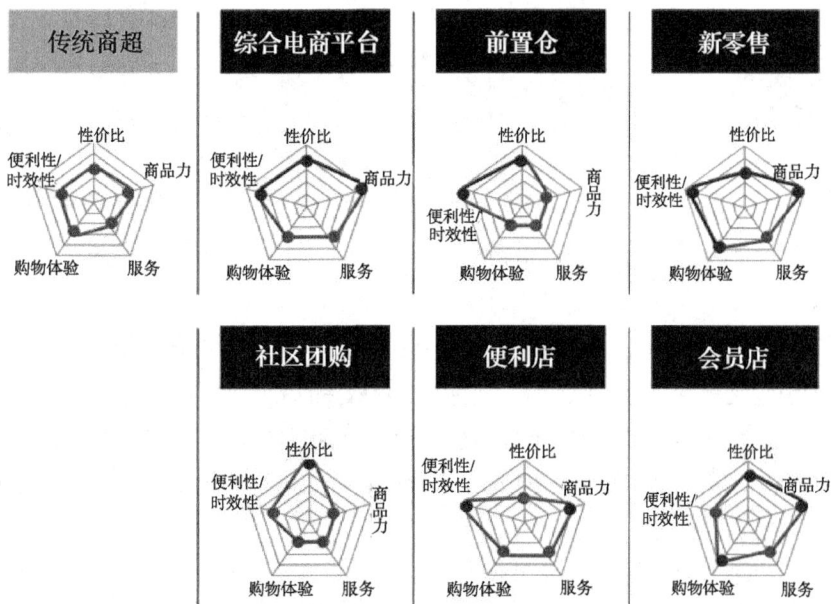

图1-1　零售业五边形跨业态对比

在性价比方面，综合电商平台在包装零食、母婴用品、日化家清等标品品类上，已对传统商超造成了不小的价格冲击。例如，拼多多拉开了线上线下的价格差异，生鲜品类的社区团购零售价比传统商超渠道低 15%～25%。在消费者的认知里，传统商超难以与社区团购、综合电商平台相抗衡，传统商超的性价比优势似乎已消失殆尽。

在商品力（商品力一般指商品创造利润的能力）方面，传统商超商品的丰富度无法与综合电商平台（如天猫、淘宝、京东）相媲美；传统商超虽然商品多，但结构老化、选品平庸、货架面积被严重浪费等问题也日益凸显。相较于鲜食占比高的便利店、自有商品占比高的新零售，传统商超在打造新奇特、稀缺商品的能力方面远远落后，正在失去日渐分化的消费群体。

在服务和购物体验方面，部分传统商超仍以人工收银为主，结账排队时间长、购物体验差；门店空间布局、动线规划、货架陈列不够人性化，与包含餐饮鲜食、垂类场景（如烘焙）的新零售相比，舒适性较弱。

（2）到家服务能力弱

在便利性/时效性方面，传统商超运营模式大多为消费者到店购买。传统商超往往辐射周边5～10千米的本地生活圈，消费者需要步行或乘坐交通工具前往购物，往返一次可能要耗费一两个小时或者半天时间，为节约时间成本，消费者通常进行周期性、一站式集中采购。

现在消费者则更倾向于就近购买或选择线上到家服务，即时配送成为新常态。根据麦肯锡2022年消费者调研结果，83%的消费者表示未来会持续在线上购买食杂商品。

面对消费者不断升级的"即时达"需求，传统商超应对能力相对较弱。而前置仓、新零售等线上业态在便利性/时效性上优势突出，这使得消费者出现分流现象，传统商超在客流竞争中也处于下风。

消费"多场景"在效率和体验方面的持续升级，紧逼传统商超重塑零售服务模式，进而促使传统的食杂消费裂变出一站式囤货、即时购买、日常采购等多种场景。

为积极迎合全渠道、多触点的消费新习惯，传统商超纷纷加速发展到家服务能力，抢占发展先机。然而，到家服务履约成本高昂，即便是头部传统商超，也普遍处于亏损或微利状态。到家服务现阶段只贡献业务量而非利润，"卖得多、亏得多"成普遍现象。因此，到家服务订单占比逐渐攀升，反而拉低了传统商超的整体盈利水平。

但整体来看，到家服务仍然是传统商超未来的发展方向。2022年初至今，传统商超的线下业务充满许多不确定性，布局全渠道已从"可选项"变为"必选项"。未来随着竞争回归理性，消费者逐步养成"最后一公里"配送运费的心智，到家服务的盈利结构有望得到改善。

（3）运营成本攀升

在社区团购、前置仓的冲击下，传统商超的价格和毛利率难以逆势提高，而租金、门店改造费用、人工成本、水电费等持续上升，利润空间被压缩。传统商超原本拥有线下"引流集客"的优势，能够从购物中心或物业企业取得较好的租金条件，但随着客流被新兴业态持续瓜分，且自身到家服务布局也会进一步削弱门店的"引流"功能，未来运营成本的上升将不可避免。

综上所述，传统商超的颠覆式变革已成定局。传统商超必须转守为攻，明确自身的差异化定位和竞争优势，思考如何让线下业务可持续增长，以逐步减少亏损，并在可预见的未来实现盈利。

2. 电商的困境

在经济发展新常态时期，各行各业都需要创新，尤其是电商。

许多创新力不足的商家选择依靠淘宝、京东等大的电商平台。但是，电商发展迅速，在大数据的透明化和商品的同质化之下，一些中小企业不得不面对残酷的竞争，这时市场上可能会出现恶意价格战、假冒伪劣商品和违规刷单等现象。

电商发展到一定阶段后，尤其是在移动互联网时代，不可避免地会面对自身存在的问题和环境带来的问题，这一点毋庸置疑。

（1）网民数量饱和

近年来，我国互联网行业持续稳健发展，互联网成为推动我国经济社会发展的重要力量，线上市场的消费场景已从 PC 端拓展到移动端。中国互联网络信息中心（China Internet Network Information Center，CNNIC）发布的第 50 次《中国互联网络发展状况统计报告》显示，截至 2022 年 6 月，我国网民达 10.51 亿人，较 2021 年 12 月新增约 1 919 万人；互联网普及率达 74.4%，较 2021 年 12 月提高 1.4 个百分点。尽管近年来我国网民规模的增长速度有所放缓，但互联网在我国的普及率较高，未来普及率将进一步提高。2020 年 6 月—2022 年 6 月我国网民规模及互联网普及率情况如图 1-2 所示。

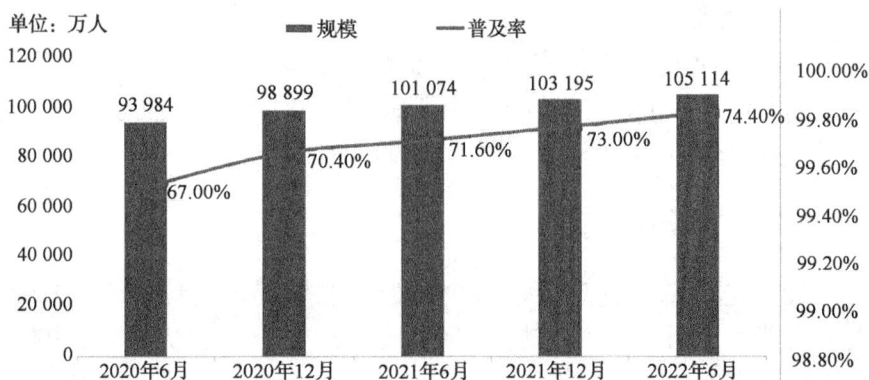

图1-2 2020年6月—2022年6月我国网民规模及互联网普及率情况

智能手机的大力推广和普及，推动移动互联网市场规模进一步扩大，我国手机网民规模不断扩大。CNNIC 数据显示，截至 2022 年 6 月，我国手机网民约为 10.47 亿人，较 2021 年 12 月新增约 1 785 万人，网民中使用手机上网的比例达到 99.6%。2020 年 6 月—2022 年 6 月我国手机网民规模及其占比情况如图 1-3 所示。

图1-3　2020年6月—2022年6月我国手机网民规模及其占比情况

虽然网民数量仍在增加，但无论是 PC 端还是移动端，增速都已经放缓，相信网民数量很快就会饱和。

（2）电商人才匮乏

传统的零售企业逐渐意识到互联网将打破和替代传统的商业运作模式，因而越来越重视通过新商业运作模式与网络技术拓宽商业发展的空间，发展电商业务。

电商是电子信息技术与商务的有机结合，需要大量的复合型人才。这些复合型人才不仅需要精通计算机与网络技术，还需要熟悉商务、法律等相关专业知识。我国电商的迅猛发展，导致企业对电商人才的需求剧增。

（3）价格竞争激烈

电商市场的价格竞争越发激烈，引流费用也越来越高，"虚拟店铺"的硬装费用甚至高于线下实体店的装修费用。线上电商发展如火如荼，线下经销商集体诉不满，这种情况常见于"触网"转型的传统企业。

（二）数字化零售的特征

如今，数字化被越来越多的零售企业视为发展的重要影响因素。数字化零售采用人工智能、云计算、大数据等新兴技术，促使企业从采购、供应链、门店到销售终端逐渐数字化，不断优化商品、升级服务。这样，消费者既能更好地进行快捷方便的线上购物，又能在实体店亲身体验商品。

数字化零售的推广与定位均把消费者的需求放在第一位。围绕消费者的需求，数字化零售具有购物场景化、体验个性化、支付数字化、营销精准化、空间数字化、导购虚拟化等特征。

1. 购物场景化

随着新一轮消费升级浪潮袭来，国内市场正在打造场景化购物模式。"场景＋商品"的模式，对各行各业的发展起到了显著的锚点作用。

欧派家居集团股份有限公司（以下简称欧派）长期坚持打造高质量、高性价比的服务与商品，以此迎合消费者对多元化商品与服务的需求。面对新一轮"购物场景化"升级，欧派自 1994 年诞生以来，一直将制造与营销视为最重要的驱动力。随着购物场景化不断发展，消费需求进一步升级，欧派积极开辟全场景零售体验模式，从整体橱柜延伸至全屋定制、木门、卫浴、软装、厨电、金属门窗、装甲门、家具配套、大家居、整装等领域，意在提供多业务板块合力发展的整体家居一体化服务。

2020 年，不少家居企业受到冲击。欧派迅速反应，大力推进电商改革，打造新一代微信商城与小程序，开辟场景体验直播销售模式，构建智能营销体系，打造新生态消费场景，优化消费者体验。

"场景＋商品"的模式使欧派一次次斩获骄人的流量，为行业探索出切实可行的模式。欧派以消费者为中心，依靠大数据精准划分人群，按需求精准覆盖每一群体；利用自身优势，打通线上、线下渠道，开辟出全场景零售体验模式。

2. 体验个性化

相关统计数据显示，我国实体零售企业正在加快数字化转型，大力发展线上销售和到家服务，大型电商平台积极发展用户直连制造（Customer-to-Manufacturer，C2M）进行反向定制，赋能上游产业，以满足不断升级的多样化消费需求。5G、数据中心、工业物联网、人工智能等支持零售智能化和数字化的新兴技术，将进一步推动消费和生产环节间数据互联，并助推个性化、定制化开发及智能化、柔性化生产。

数字化零售打破了传统企业所面临的线上和线下、门店和门店、直营店和加盟店之间的壁垒，在实践中打通了各个环节并加以升级改造。它建立了从流量到销量的零售全渠道解决方案，帮助企业沉淀会员和数据。

零售的数字化不仅体现为将各环节互联来产生数据，更体现为运用数据对消费者和市场进行更全面的分析，对零售中存在的低效问题进行优化，并进一步重塑、拓展企业策略维度，实现更智慧的零售管理。

就传统零售企业而言，其不能有效收集、监控消费者行为，无法精细化运营，造成了消费者行为数据缺失，精准的消费者画像难以建立，这就导致其无法为消费者提供个性化的体验和服务。数字化零售企业则可以以信息技术（大数据、物联网、人工智能等）为驱动力，以消费者体验（满足消费者各种需求的购物场景）为核心，为消费者提供个性化的体验和服务。

数字化零售企业可按需建立数据仓库，智能获取客流分析、客群分析、商品分析、营销效果等多角度的数据报表，从而实时洞察线上线下交易情况，以数据驱动运营。例如，数字化零售企业可根据特定时间段内的访客量、浏览量、消费者流向、人均停留时长等数据掌握实时客流，甚至对未来客流做出预测，以此实现智能决策与管理，从而向智能化数据运营模式转变。

在处于数字化觉醒阶段和成形阶段的市场中，消费者在选择网购平台时往往只关注商品的价格和种类。而在进入数字化成熟阶段的市场中，消费者则更加注重良好的购物体验；线上线下的人、货、场三要素重构，形成全新商业形态，快速打通线上线下，提高品牌曝光率；联合物联网解决物流仓储问题；一物一码，价格统一掌控，有效控制窜货与乱价。

数据显示，在处于数字化成熟阶段的市场中，有81%的消费者想要获得有趣或愉快的消费体验；而在处于数字化觉醒阶段和成形阶段的市场中，分别只有25%和10%的消费者持有相同的观点。

网上商城日趋成熟，吸引了越来越多的消费者。新兴市场的消费者更加偏好网上商城这一购物渠道。在数字化成熟阶段，通过网上商城购买大部分商品的消费者占比非常高，这一比例在数字化程度最高的我国市场达到79%。而排名第二的购物渠道则是社交媒体，包括品牌的社交媒体账号和个人对个人（Peer-to-Peer，P2P）交易。

3. 支付数字化

在处于数字化觉醒阶段的市场中，有3/5的网购通过货到付款的方式进行结算，这些市场的消费者对预付款方式并不完全放心，并且这些市场的信用卡渗透率较低也是一个障碍。而在数字化发展更成熟的市场中，电商交易往往是利用网络支付方式完成的，而不是通过现金。

如何把网络支付的便捷性和线下支付的可信性结合起来？这就需要用数据为资金流赋能。

艾媒数据显示，截至2021年6月，我国网络支付用户达8.7亿人，占网民整体的86.3%。

随着我国互联网技术的发展和人们消费水平的提高，网络支付业务规模持续扩大，带动移动支付行业不断发展，这有利于满足消费者在不同场景下的消费需求。

移动支付是以移动端为主要载体，对所购买的商品进行结算的支付方式，目前手机支付是移动支付的主要表现形式。据艾媒咨询发布的《2021年中国移动支付行业研究报告》，当下主要的移动支付方式有指纹支付、刷脸支付、NFC支付（碰一碰支付）和密码支付。

移动支付覆盖了消费者生活的方方面面，成为零售行业的主流支付方式。相关报告显示，移动支付较为活跃的有商场、便利店及餐饮类中大型实体商户，小摊贩、菜场、水果店等小型实体商店，以及交通出行场所、电商平台等，移动支付生态圈已逐步形成。移动支付受青睐，得益于其操作简单便捷、消费者无须带现金或银行卡的特点。同时，市场主体的优惠促销活动多、移动支付应用场景不断拓展等，对消费者习惯的培养也起到重要作用。

随着移动支付的快速发展，很多人都有这样的切身体会——"现在出门不用带钱包，带上手机就够了"。普及率越来越高，覆盖面越来越广，移动支付逐渐成为人们的生活和消费习惯之一。中国支付清算协会发布的《中国支付产业年报2022》显示，2021年我国国内银行处理的移动支付业务数量和金额分别是2012年的282.67倍和228.13倍。经过近10年的发展，移动支付已是日常生活的"标配"。

移动支付的类型多样，且不同的类型可以满足消费者在不同场合的需求，加上易操作的系统和相对较高的安全性，移动支付受到了消费者的欢迎。

4. 营销精准化

一切营销活动都必须建立在准确了解消费者数据的基础上，精准营销更是如此。数字化营销过程如图1-4所示。

图1-4 数字化营销过程

消费者数据包括消费者基本信息、消费者行为数据以及消费者综合分析数据。电商企业必须借助消费者数据了解消费者的消费行为，通过分析消费者数据，了解消费者的购买偏好、购买力以及对品牌的忠诚度。在此基础上，电商企业可以精准划分消费者，准确定位商品，精准定位市场，从而提高营销精准度。

电商企业与传统企业的主要区别在于前者更喜欢利用互联网传播营销信息。随着大数据时代的到来，网络媒体有大量的消费者信息。消费者不仅时常光顾论坛、社区，而且使用QQ、微博、微信等社交软件的频率也很高。

如此一来，这些网络媒体的功能就不会局限于交友、分享信息了，它还成为电商企业实施精准营销策略，抢占更多市场份额的有力工具。部分电商企业还常常使用邮件营销方式：首先筛选和分析消费者数据，然后根据分析结果确定目标消费者，最后利用邮件向消费者精准传达商品信息。大数据技术可扩大营销覆盖面。

差异化营销能够更好地满足消费者的多样化需求，因此电商企业对其格外重视。差异化营销指针对不同层次的消费群体提供差异化的商品或服务，这种差异主要通过价格表现出来。电商企业在营销实践中主要从消费者和渠道两个方面实施差异化营销。利用大数据技术实施差异化营销，有助于电商企业获得最大利润。

结合以上论述可知，大数据技术极大地影响了电商企业的营销方式，促进了精准营销。借助大数据技术深入而全面地分析现有消费者和潜在消费者的基本信息及购物信息，有助于电商企业及时调整营销策略，提升营销业绩。电商企业要充分认识到大数据技术的重要作用，通过多种方法和手段挖掘消费者数据的价值，充分发挥消费者数据的作用，最终实现健康发展。

数字化手段有利于企业重塑传统经营结构，建立互联互通生态圈。积分、会员、分销、派券、红包等多种锁客裂变工具，可以让企业在获得更多盈利点的同时，实现数据沉淀。

如某新锐美妆品牌，以全域采集的消费者行为数据、自身平台数据和消费者主数据为基础，通过数据驱动全域数字化营销，建立全面的消费者标签及画像，深入洞察消费者数据，制定有针对性的营销策略，实现货与人的精准匹配和营销信息的精准推送，提高转化率，如图1-5所示。

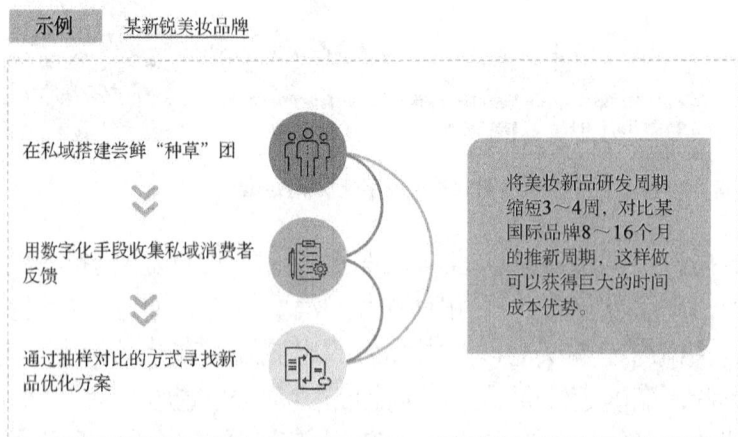

示例　**某新锐美妆品牌**

在私域搭建尝鲜"种草"团

用数字化手段收集私域消费者反馈

通过抽样对比的方式寻找新品优化方案

将美妆新品研发周期缩短3～4周，对比某国际品牌8～16个月的推新周期，这样做可以获得巨大的时间成本优势。

图1-5　某新锐美妆品牌营销精准化

5. 空间数字化

线下泛零售进入多元化业态和消费者沉浸式体验共同高速发展的局面。

部分企业制定贴合购物中心定位的主题营销方案，打造独家知识产权（Intellectual Property，IP），形成了独特定位，同时打造了消费者沉浸式购物和体验场景，达到了差异化竞争的效果。

近年来越来越多的品牌积极踏入生活方式领域，以跨界的内容与场景打动消费者，而一个优质的消费场景可以大大增加消费者的逗留时间并影响其做出的购买决策。如今的线下消费场所早已不仅仅是一个陈列商品的地方，更是一个集购物、服务和文化于一体的消费体验空间。企业通过对消费者生活的渗透可以大规模增加品牌与消费者的触点，同时获取更多的线下数据。

此外，空间数字化还可以对内实现降本增效，提高门店运营效率。空间数字化不仅能帮助门店进行动线优化、选品优化，还能提高收银结算效率，减少店员的重复性工作。由此释放的生产力可以更多地投入以门店为中心，覆盖周边更广区域的线上空间的运营，如门店直播与社区团购，如图1-6所示。

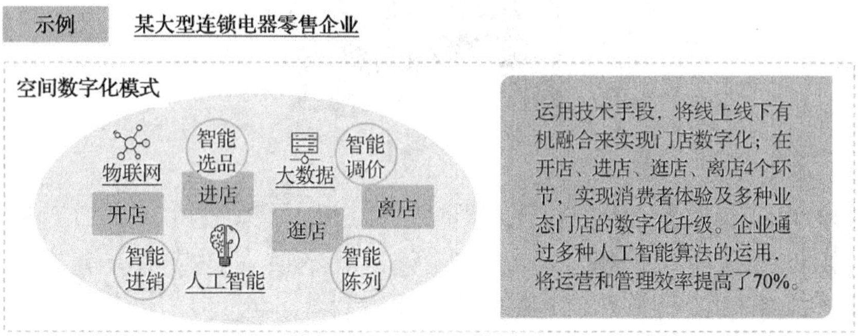

图1-6 空间数字化模式

6. 导购虚拟化

数字化打通了线上线下，在消费通路四通八达的背景下，消费者的消费场景不确定，消费时间不确定，消费需求也越来越个性化，这正是当下实体导购进化面临的最大难题，即如何在多种不确定因素下，提高品牌零售的效率。

在传统零售时代，导购工作是销售的重要环节，导购则是促进商品和货币交换的关键人物。导购也是大多数消费者接触到的第一个甚至唯一一个品牌人员，在某种程度上代表着品牌形象，其提供的服务会直接影响消费者的忠诚度及品牌的美誉度和知名度。

在数字化零售时代，导购连接能力变强，这让其各种价值被放大。导购工作从线下发展到线上线下全域连接，导购除了在门店和消费者打交道外，有时还会通过直播、社群等与消费者24小时连接，他们成了品牌连接消费者的关键触点，是零售业一切业务的"起手抓盘"，也是数字化零售时代的"隐秘金矿"和"超级连接点"。借着"元宇宙"的东风，2021年，原本还是"星星之火"的硅基虚拟人，以燎原之势迅速蔓延至各行各业。如今在行业内扮演客服、解说员、导购等各种角色的虚拟导购，已经开始跟传统零售导购"抢饭碗"了。

虚拟导购不仅能同时为多人提供服务，还能一对一地观察消费者的特点，并有针对性地选品、推荐及介绍商品等，更具专业性，如图1-7所示。

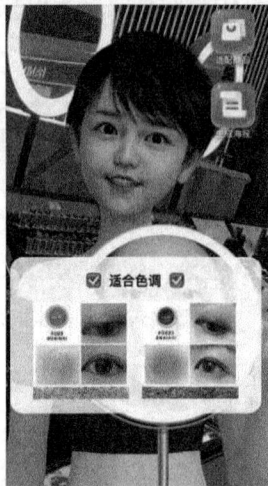

图1-7 虚拟导购

从早期的机器人充当客服，到虚拟主播进行直播带货、充当导购，再到具备专业知识的虚拟导购提供一对一的服务，其本质上是技术演进和零售业态变革催生新需求下的综合产物。在数字化零售时代，极度数字化的虚拟导购自然迎来了更大的能力施展空间。

虚拟导购虽然能"模拟智能"，通过算法驱动提供一些数据层面的专业分析，但在消费者共情、价值洞察、机会辨识等方面，不可替代实体导购"模拟情感"。完全没有导购的各种"无人店"，如今也只是"雷声大、雨点小"。而热门的虚拟导购，其所在的"工作进度提醒"等类似职位此前并没有，它的出现只是创造了一种"辅助岗位"，从而进行整体赋能。

零售品牌设置"虚拟导购"的本质，实际上是在数字化零售时代，对提升未来新导购能力的尝试。其核心落点还是辅助实体导购进化，即通过数字化武装实体导购，提升实体导购的数字化能力，推动实体导购的群体进化，而非单纯依靠虚拟导购。

从提供服务的空间看，导购不仅像以往一样在门店被动等消费者上门，还通过直播、企业微信等主动帮品牌获得新消费者。

从提供服务的时间看，导购不仅需要在上班时间为消费者提供服务，有时还会通过微信小程序、社群等，24 小时满足消费者的消费需求。

从服务颗粒度全维度看，导购要利用数字化工具，根据商品特点、消费者平时的购买习惯，将服务准备工作"前置"，并做到以下几点：在消费前，预判消费者需求，进行精准推荐；在消费时，快速给出"最懂消费者"的消费方案；在消费后，及时收集消费者反馈；最终成为消费者的"长期消费顾问"，实现消费者生命周期价值的最大化。

在未来，导购要具备"全域获客""全时连接""全位营销"三大能力，既要提升包括直播在内的线上营销能力，还要熟练使用数字化工具拓宽自己的私域，强化与私域消费者的互动，提高复购率。

（三）数字化零售重塑人、货、场

随着零售业的不断发展，消费者的需求不断升级，传统零售和线上电商已经开始融合，并探索全新的运营模式——"线上 + 线下"融合，通过数字化变革重塑人、货、场。

1. 精准营销创造个性更精准的"人"

过去，购物中心无法获取较丰富和有效的消费者信息。在传统的购物中心场景中，消费者到达购物中心后接触到的一般是服务台、收银台、导购等常规触点，这就导致留存的消费者信息非常有限。

充分借助智能终端管理系统，购物中心可以将各种信息化、智能化系统和场景进行整合和打通，配合营销手段让二者相辅相成，借助场景互动不断丰富消费者信息。同时，购物中心通过分析收集到的消费者信息可以将消费者标签化，与消费者进行更精确的互动，从而形成良性的迭代发展趋势。

数字化时代，购物中心应全方位收集消费者信息，构建清晰的消费者画像，实现精准营销，提升消费体验和经营业绩。

2. 流程再造赋能流通更高效的"货"

在数字化时代，新零售中"货"的边界及定义已经模糊，而且增加了更多"以消费者为中心"的服务体验及内容。数字化零售基于实时消费者需求自"认知"到"复购"重塑供应链，紧密联结生产端与消费端，实现信息共通化、利益共享化、风险共担化和价值最大化的生命体零售模式。同时，数字化和敏捷化手段重新定义、设计并驱动供应链转型实践，减少供应链全流程环节，打通全链路数据，实现以消费者个性化需求驱动的商品设计与"快反化"、高质量生产。

在"货"的数字化升级上，商品数据分析反哺选品、补货策略的制定，有助于提高商品动销率。打通线上线下商品和库存数据，对商品销售情况进行分析，优化选品，提高商品动销率。另外，在门店补货场景中，利用人工智能实现销量预测，可以降低门店缺货率，减少库存周转天数，并带动门店销售业绩增长。

3. 场景变革打造更全域的"场"

以消费者为核心的买方市场逐渐占据主导地位，因此购物中心首先需要增加与消费者的互动，让消费者更多地接触项目、了解项目，进而让消费者接受购物中心的消费环境、业态搭配、品牌组合、经营理念。同时，购物中心也需要全方位了解消费者的真正需求，这样才能真正做到引导和满足消费者需求。

互联网、App、电商……种种新概念已经彻底地改变了消费者，他们已经习惯了无空间和时间限制的消费方式，习惯了随时随地的互动交流。而购物中心的空间限制与过于传统的营销方式和消费场景，导致其在与消费者互动的第一个环节就已落后。

购物中心可通过智能导视系统获得清晰的消费者画像，然后结合新一代的物联技术，将每一个可能的交互场景都进行线上线下的融合，让自身与消费者的接触互动更易把控。

购物中心可利用全面覆盖的高速 Wi-Fi、智能停车系统、导航、导购、电子会员等技术产品，丰富自身与消费者之间的接触点。这样在方便消费者的同时，也能让消费者在场景中获得更强的体验感。

以海底捞为例，传统餐饮服务场景下，消费者与餐饮门店的交集仅存在于到店消费，但在数字化浪潮下，餐饮服务场景已然从线下向线上延伸，两者的互动更加全面而有效。从 2016 年开始，海底捞就陆续将核心业务系统上"云"，点餐收银、会员管理、订餐排号、后勤系统等实现"云化"。2020 年，海底捞全面实现"云上捞"，前端到后端的所有核心业务系统全部上"云"。在推动"云化"、加快数字化的背景下，海底捞围绕会员运营，持续为消费者提供价值，提供差异化的增值服务，关注消费者全链路生命周期，通过线上线下多渠道打造消费者生态，形成良性的可持续互动机制。在 App 运营上，海底捞有 App 以订餐为基础功能，以社区分享、话题分享等为互动功能，同时内置电商商城的购物功能，并配有实时在线的智能客服。海底捞将自有 App 打造成了包含多功能的超级 App。

👤 活动二　了解数字化零售的典型案例

数字化零售需要不断认识消费者，感知并响应市场变化。零售业与各新兴技术结合双向赋能消费者与零售商，为消费者创造新型消费和体验模式的同时，加快零售商运营效率的显著提高，驱动消费体验模式的持续创新升级，实现人、货、场的重塑。

中国石油化工集团有限公司旗下的易捷以跨界、数字化变革等动作引起了业界的关注。2020 年被易捷内部定为"数字化元年"，在这一年，易捷进行了人、货、场的变革，如商品的数字化、消费者的数字化，以及业务流程和运营标准的数字化，这是易捷实现自我升级的必经之路。

易捷加油 App 有效整合线上线下流量资源，兼具加油和购物两大功能，深入挖掘流量价值，形成了油非融合、线上线下融合的新零售商业模式，开拓了适合加油站内便利店发展的新赛道，实现了新零售商业模式转型发展的突破。

（一）基于大数据的消费者画像

消费者画像是由客户属性和行为数据转化而来的计算机能够识别的客户标签，旨在让算法、模型能够"理解"客户，做到人、货、场的互通关联，从而实现精准营销、智能推荐、客户引流、数据化决策，最终达到客户增量及交易转化率提高的目标。值得注意的是，消费者画像应基于实际业务需求进行设计，不断丰富和迭代。

为实现以数据助力精准营销，易捷加油 App 建立了大数据分析平台，将加油卡、一键加油、便利店消费等核心系统数据用大数据分析平台进行清洗，再导入数据仓库中，并构建主题域。该 App 利用大数据技术搭建起精准营销的平台，助力企业发展，帮助企业实现从"大数据"到"大洞察"的转变。

经过一年多的营销实践，易捷加油 App 初步完成了客户基本属性、油品消费属性、非油品消费属性、网点属性四大类近 1 000 个小类的标签设计。此外，其还通过计算建模探索客户衍生标签，例如：客户忠诚度模型，使用季度环比和同比数据计算客户忠诚度；客户价值模型，利用客户一年内的交易行为数据计算客户价值，并进行分层；客户生命周期模型，根据客户价值和交易行为数据计算客户生命周期，使客户营销设计依托于客户生命周期；客户价格敏感值，根据客户优惠券使用情况等标签，计算客户价格敏感值及客户当前持有券的信息，为后续营销发券提供依据。

（二）基于消费者画像的精准营销实践

1. 流失客户精准召回

易捷加油 App 为流失客户构建了 20 种不同维度的消费者画像，包括客户基本信息、客户流失等级、客户行为轨迹、油品消费特征、非油品消费特征等五大类。

设计营销规则时，易捷重点使用加油频率、价格敏感值和价格依赖度 3 个指标，通过对客户 2～3 个周期的迭代测试，最终确定该客户的价格敏感度标签，旨在用最低的营销成本，实现流失客户精准召回。

实施流失客户精准召回时，为提高召回率，易捷采用短信方式触达客户。为提高短信触达率，易捷着重抓住 4 个关键点。一是称呼有温度，让客户感受到被尊重。二是内容有重点，简短精练。三是引导有链接，一键引导客户至应用商店下载易捷加油 App。四是触达有节奏，避免客户产生抗拒心理。此外，为跟踪短信效果，易捷设置了当日召回人数、召回客户留存率等指标。

2. 构建流量营销体系

易捷加油 App 利用自有平台开展精准营销，实现线上线下、油非互动营销；深度挖掘零售客户消费潜力，充分发挥零售客户流量价值和非油商品或服务资源价值；根据客户消费行为和生命周期，构建拉新、充值、加油、评价、购物等运营场景，通过油非互促提高客户满意度和油非转化率，增加忠诚客户数量。

设计营销规则时，易捷结合消费者画像和消费行为，开展"加油送券、购物优惠"营销活动，将运营场景划分为"加油推券"与"引流推券"。"加油推券"场景是基于客户在加油站的消费行为所构建的推券场景，主要涉及充值（含拉新）、下单、加油、评价 4 个环节。"引流推券"场景是依托于大数据分析，根据消费者画像精准分析客户消费行为特点，结合商品特点及经营需要，精准选择客户，并主动为其推送非油品优惠券的场景。

（1）"加油推券"场景，根据客户在 4 个环节中的不同消费行为，利用大数据分析，为客户精准赠送不同优惠力度的线上平台通用券或品类满减券，为客户设置非油品购物偏好标签，从而为员工现场营销赋能，提高站内转化率。

（2）"引流推券"场景，运用大数据分析，根据消费者画像对客户进行购物推券和预测消费需求推券，通过微信公众号"中奖通知"与短信相结合的形式，提高宣传触达的成功率。该场景还设置了推券转化订单数、推券转化率、推券转化销售额等指标，通过对指标的动态跟踪，评估营销策略优劣，以及时调整迭代。

经过精准营销实践，易捷的收获主要有 3 点。一是促进了油非融合、线上线下融合。二是有效提高了客户满意度，循序渐进地培养了客户在易捷加油 App 购物的消费习惯。三是促进了一键到车、小时达、网购店提、网购店配等线上购物模式的快速发展。

未来，易捷的定义不再只是便利店，而是依托中国石油化工集团有限公司自营加油站的网点资源，以"人＋车"为核心入口，构建产业孵化、实体服务、线上营销、金融服务四大平台，全面拓展新兴产业，构建独具特色的

"人·车·生活"生态圈。

抛砖引玉

2016年下半年，小米之家开始在一、二线城市的核心商圈发力，在流量、客单价、转化率和复购率方面进行创新，创造了惊人效益。

2017年，小米之家围绕企业新零售战略，逐步明确了三大定位：联动线上，为用户提供沉浸式体验、差异化服务，让用户深度体验科技乐趣；宣传品牌，打造新的品牌营销价值点，弥补小米线下品牌展示方面的缺失，加深用户对小米品牌的认知，满足用户线下购物需求；打造"米粉"的家，传递小米渴望与用户交朋友的企业文化，打造智能家庭场景，引导用户体验未来智能家庭生活。

（一）大数据选址

"米粉"自然是小米之家的重要服务对象。小米之家在选址时会根据已有的MIUI用户数据和小米IoT数据等，优先考虑"米粉"聚集的区域。

从小米用户地理分布图可以看出，"米粉"主要集中在北京、上海、广州、深圳等大型城市，尤以北京、上海居多。从小米之家城市门店数量榜单来看，其城市门店数量基本与所在地"米粉"数量大体对应。

（二）以智能化为圆心、互联互通是整个生态链的核心

小米生态链的打造方向是以手机为控制中心，用手机对各类产品进行个性化设置，产品之间进行连接互动，使得生活更加便利。其关键是链条中的产品无缝连接，即通过Wi-Fi、蓝牙或者手机App将众多产品连接起来。

米家App是所有智能产品的控制中心，小米电视、空气净化器、净水器、手环等均以此为中心，并且用户通过该App还可进行产品关联的操作。

"小米生态链计划"着力打造智能硬件系列生态产品，品类多达200余种，包括耳机、蓝牙音箱、血压计、体脂秤、手环、儿童电话手表、空气净化器、电视、扫地机器人等。

（三）精准化定位用户

小米手机的成功离不开其细分市场的特定用户"米粉"。"米粉"的特征包括：①年龄为20～28岁，一般为20～25岁；②拥有大专以上学历，所学专业属于理工科，痴迷IT技术；③毕业不到5年，一般在2～3年，收入为2 000～6 000元；④喜欢玩手机，喜欢上网；⑤有消费主见，不喜欢随大溜；⑥喜欢网购，不喜欢逛街。

（四）专业化运营

1. 组织活动增进和"米粉"的感情

小米通过"爆米花"论坛、"米粉节""爆米花"活动、同城会等活动增进和"米粉"的感情。

　　"爆米花"论坛是摄影作品的月度、年度评比；"米粉节"每年都会举办一次，是小米对"米粉"的感谢活动；"爆米花"活动是小米举办的城市线下活动，为用户提供展示自己和认识新朋友的机会，活动全程都让用户参与，小米会在论坛里发起投票，以决定该活动在哪个城市举办；同城会是由"米粉"自发组建、经小米官方认证的活动，每月不定期发起，用户在这里可以结交到很多同城好友。

　　2. 将用户的需求放在首位

　　小米生态链将用户的需求放在了首位。如果用户遇到了产品使用上的问题，就会有专业人员进行指导和维修。

　　3. 差异化服务

　　小米之家不仅为用户提供展示、体验、购买等服务，尤其在体验环节，营造浸入式的环境，让用户在不被打扰的状态下深度体验科技乐趣；还为用户提供科技咨询、大件产品免费快递，以及免费的手机系统更新、手机贴膜和产品刻字等服务。

　　4. 服务特色

　　小米之家设定维修"接（受理）""取（取机）"分离，清楚划分维修服务职责和流程；融合产品体验、演示教育等服务，覆盖用户进店后的每一个关键时刻，全程关注用户的需求。

学以致用

1. 当下人们的购物习惯是什么？
2. 实体零售为什么会面临困境？
3. 实体零售依托什么开拓线上渠道？
4. 完全做到线上销售是否可以解决实体零售的困境？
5. 线上线下融合靠什么支撑？

如春在花

　　科技为我们的生活带来便利，使我们的生活水平大幅提高，让我们的衣食住行变得更加方便快捷。科技总是在不断地向前发展，因此我们也要不断进步，只有我们和科技齐头并进，我们的生活才会变得越来越方便，越来越舒适。因此，我们要培养良好的心态，要不断学习，与科技共同进步。

任务二 零售的变革与数字化零售的发展

任务描述

了解数字化零售的基础知识之后，李艾迫不及待地想知道如何才能将传统零售发展为数字化零售，以及零售企业如何运用科技，并依托社会的发展通过变革进入新的运营模式。

任务实施

👤 活动一　了解零售的变革

（一）零售的4次变革

新技术给各行各业带来巨大影响，也把零售业推到了风口浪尖。零售的基础设施将变得极其可塑化、智能化和协同化，以推动社会进入数字化零售时代，实现成本、效率、体验的有效平衡。回顾零售业的历史可知，零售发生了4次变革。

1. 第1次变革：百货商店出现

1852年，世界上第一家百货商店出现，"前店后厂"的小作坊运作模式被打破。由此，大批量生产成为现实，商品的价格得以降低，商品得以展示，购物成为一种娱乐和享受。

2. 第2次变革：连锁商店出现

1859年以后，连锁商店形态成为主流。连锁商店的统一化管理和规模化运作，提高了门店运营的效率，降低了成本。同时，它也让购物变得更加便捷。

3. 第3次变革：超级市场出现

超级市场在1930年渐渐成形，它开创了开架销售、自我服务的模式，逐步引入了现代化计算机技术，提高了商品的流通速度和周转效率，带来了一种全新的购物体验。

4. 第4次变革：电商出现

20世纪90年代，电商开始普及。购物开始不受空间限制，商品选择范围扩大，种类多样化。而分销体系的颠覆也让商品的价格得以降低。

（二）零售的新发展

在零售的第4次变革中，值得一提的是无界零售。第四届世界互联网大会上提出了无界零售的概念。

无界零售用 12 个字概括，就是"场景无限、货物无边、人企无间"。

1. 场景无限

场景无限意味着未来的零售场景会逐渐消除时间和空间的边界。场景无限代表了一种去中心化的趋势。未来客流 / 流量中心的作用会被淡化，取而代之的是碎片化的零售场景。最终，零售行为变得不再刻板，而是"随风潜入夜，润物细无声"地融入消费者生活的方方面面。

（1）消除空间的边界

未来的零售场景是无处不在、无所不联的。零售场景与生活场景之间的界限变得模糊，未来我们不是非要去特定的店铺或上特定的网站才能购物。物联网将一切连接在一起，购物可以发生在任何地方——电商平台、在线媒体、线下门店、社区中心、无人车、智能硬件、路边广告牌上的二维码等，零售场景会变得无处不在。京东百万便利店计划、叮咚智能音箱与智能冰箱等的相继推出，都是对场景无限的探索。

（2）消除时间的边界

未来的零售场景是无时不有、无缝切换的。零售 + 内容、零售 + 增强现实（Augmented Reality，AR）/ 虚拟现实（Virtual Reality，VR）、零售 + 娱乐、零售 + 智能消费电子……零售得以嵌入日常生活的点滴，一个语音指令、一张随手拍下的照片，甚至是一个不经意的微笑，都有可能触发订单，满足人们随性的需求。

2. 货物无边

货物无边意味着未来的商品将不拘泥于固有的形态，商品、内容、数据、服务等彼此渗透——商品即内容，内容即数据，数据即服务。相应地，产业的边界也会逐渐模糊。

（1）消除商品的固定边界

未来的商品会发展为商品 + 内容 + 数据 + 服务的组合。未来，越来越多的商品会被赋予多元的含义。例如，叮咚智能音箱既是有形的商品，又连接着丰富的音乐、广播等内容，语音交互记录能够沉淀下来成为数据，同时，它还承载着选购、下单和提供后续一系列服务的功能。它实质上成了商品 + 内容 + 数据 + 服务的综合体。

（2）消除产业的边界

商品形态复合多样的背后其实是产业的相互渗透。零售、物流、科技、互联网、内容、金融、物联网……未来这些产业之间的互动一定会越来越频繁、越来越深入。其中，不仅有分工配合、流量传导、资源共享等简单的合作，而且会形成全新的业务模式和价值空间。

3. 人企无间

人企无间意味着人与企业之间的关系被重新定义。过去，生产者与消费者之间有着明确的界限：生产者创造价值，消费者使用价值，两者之间的对话非常有限，存在大量的信息不对称现象。在无界零售时代，生产者与消费者之间不再有明显的角色和心灵区隔，从而拉近彼此的距离，形成更有温度、彼此信任的关系。

（1）消除角色的区隔

借助新的平台和工具，未来消费者能够全方位参与生产端的各项活动中——从前期的调研、设计、生产到后期的营销、传播、服务等，与生产者形成供需合一、协同共创的关系。

（2）消除心灵的区隔

企业通过透明的信息和精准的服务，来获取消费者的信任。例如，生鲜的区块链追溯服务将优质商品的整个生产流程真实地呈现给消费者，以提高消费者对品牌的信任度。

无界零售既代表了广度（场景无限、货物无边），又代表了深度和温度（人企无间）。它不仅仅是零售业态的改变，更是整个行业价值逻辑的转变。

从 Amazon GO 到京东百万便利店，从沉浸式购物 AR 体验到支持自动结账，技术和体验不断升级，零售无处不在、无时不在，这也正是"无界"的体现。

从百货商店、连锁商店、超级市场，再到电商，零售变革主要围绕着成本、效率、体验。每一次零售变革，都是因为在某一方面有所创新。而那些经得起时间考验的变革，则是在成本、效率、体验上达到了有效平衡。

因此，无论零售的业态怎么变化，其本质都是不变的。零售的发展一定会围绕成本、效率和体验这几个要素。

活动二 认识数字化零售的发展

随着大数据、云计算等新技术的应用，零售行业也发生了翻天覆地的变化，数字化零售打破传统零售企业所面临的线上与线下的技术壁垒，运用数据，对消费者和市场进行更全面的分析，对零售中存在的低效问题进行优化，并进一步重塑、拓宽企业策略维度，实现更智慧的零售管理。建立精准的消费者画像，为消费者提供个性化的体验和服务。建立数据库，智能获取客流分析结果、客群分析结果、商品分析结果、营销效果等。建立多角度的数据报表，助力企业实时洞察线上线下交易情况，以数据驱动运营。例如，企业可根据特定时间段内的访客量、浏览量、消费者流向、人均停留时长等数据掌握实时客流动态，甚至对未来客流做出预测，以此实现智能决策与管理，从而向智能化数据运营模式转变。

变革孕育发展，挑战蕴藏机遇。在新时代，每家零售企业所面临的压力和紧迫性都是一样的，数字化转型、技术创新，已经成为零售企业未来发展的必经之路。

（一）数字化零售的发展阶段

《2022 年中国零售数字化白皮书》将零售企业数字化发展划分为以下 4 个阶段，如图 1-8 所示。

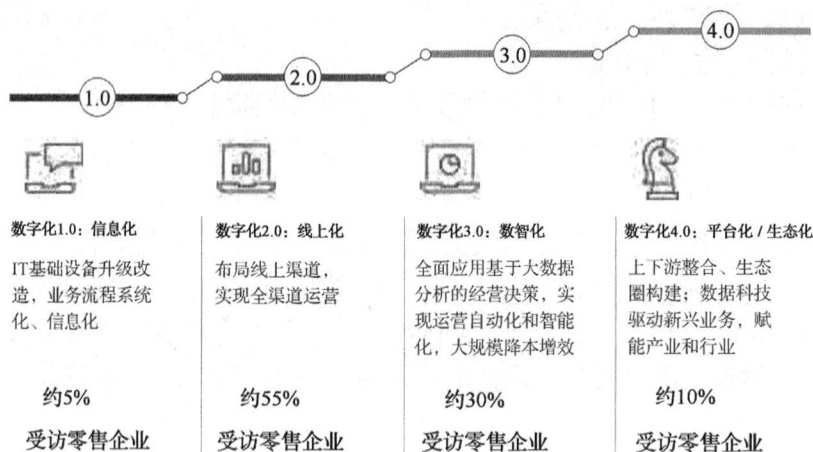

图1-8　零售企业数字化发展的4个阶段

1. 数字化1.0：信息化

约 5% 的受访零售企业处于信息化（数字化 1.0）阶段。在此阶段，零售企业主要进行 IT 基础设备升级改造，业务流程系统化、信息化。

2. 数字化2.0：线上化

约 55% 的受访零售企业处于线上化（数字化 2.0）阶段。在此阶段，零售企业布局线上渠道，实现全渠道运营，通过数据洞察辅助部分经营决策。

线上化阶段的核心在于零售企业从完善数字化基建升级到公私域精细化运营，从拓展数字化渠道到开始要求系统管理、整合提效，从制定数字化战略到重视用户资产沉淀，从统一数字化认知到开始以数据驱动经营决策。

线上化阶段的核心内涵和升级方向的四大维度是数字基建、总部角色、导购角色、关键运营指标。为挖掘用户的生命周期价值，零售企业对私域用户的差异化触达和精细化运营关注度更高。

3. 数字化3.0：数智化

约 30% 的受访零售企业开始迈入数智化（数字化 3.0）阶段。在此阶段，零售企业全面应用基于大数据分析的经营决策，实现运营自动化和智能化，大规模降本增效。

4. 数字化4.0：平台化 / 生态化

具备平台化 / 生态化（数字化 4.0）能力的零售企业寥寥无几，仅占 10% 左右。在此阶段，零售企业致力于上下游整合、生态圈构建，以数据科技驱动新兴业务，赋能产业和行业。

从图 1-8 可以看出，目前零售企业整体处于探索线上化（数字化 2.0）并向数智化（数字化 3.0）迈进的阶段。数智化和平台化 / 生态化是零售企业数字化的未来必经之路。

（二）数字化零售的发展现状

零售企业普遍将数字化发展作为企业未来发展的关键战略方向，因而大力投入数字化建设。多数零售企业的数字化建设仍聚焦于前端渠道和流量运营。70% 的零售企业聚焦于线上渠道及自有平台建设或全渠道会员运营；仅有不到 40% 的零售企业将数字化营销、数字化供应链或数据驱动的商品管理（组货、定价、促销、新品开发等）作为转型重点；只有 20% 左右的零售企业把数据驱动的门店运营决策（智能选址、人员排班、自动补货等）作为重点方向，如图 1-9 所示。

多数零售企业的数字化建设仍聚焦于前端渠道和流量运营

数字化建设重点方向（多选，不超过3个）

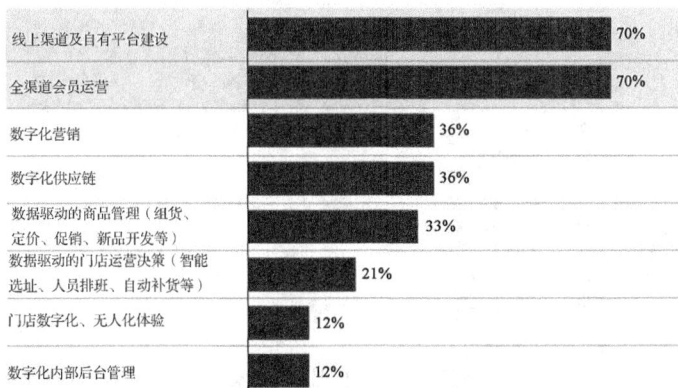

方向	百分比
线上渠道及自有平台建设	70%
全渠道会员运营	70%
数字化营销	36%
数字化供应链	36%
数据驱动的商品管理（组货、定价、促销、新品开发等）	33%
数据驱动的门店运营决策（智能选址、人员排班、自动补货等）	21%
门店数字化、无人化体验	12%
数字化内部后台管理	12%

图1-9　数字化零售的发展现状

近年来，伴随生活水平提高、消费升级，"Z 世代"逐渐成为消费主力，线上购物已成为他们的消费习惯，国家也出台了一系列政策助推零售行业数字化发展。在宏观政策、技术普及、平台互通等的共同影响下，数字化零售能够帮助传统零售企业应对不确定因素，成为驱动其发展的核心动力之一，如图1-10所示。

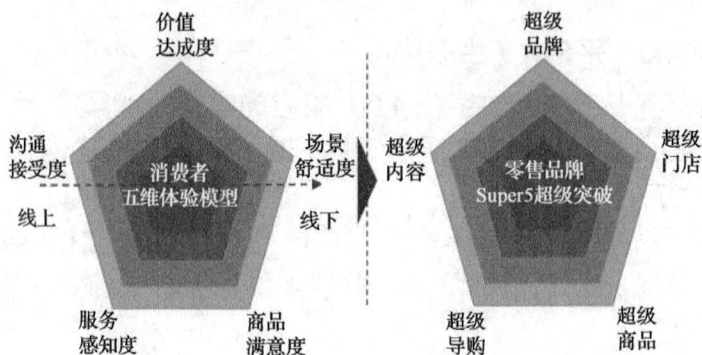

图1-10　数字化驱动全方位增长

同时，由于流量红利见顶，拉新获客成本升高，品牌在布局数字商业时，将私域流量作为性价比较高的选择。

百丽鞋业集团首席客户运营官指出：“在数字经济框架下，电商平台和实体店、私域和商场等渠道之间的界限将越来越模糊，组织之间的关系越来越紧密。共生已经是必然的道路，而各渠道融合的核心就是‘客户’。而以客户为中心的运营，将资源的再汇聚、管理的再融合、组织的再变化变得更加清晰有效。”数字化目标是以全域数据采集、全场景数字化服务、全链路数字化管控实现全周期数据驱动增长，如图1-11所示。

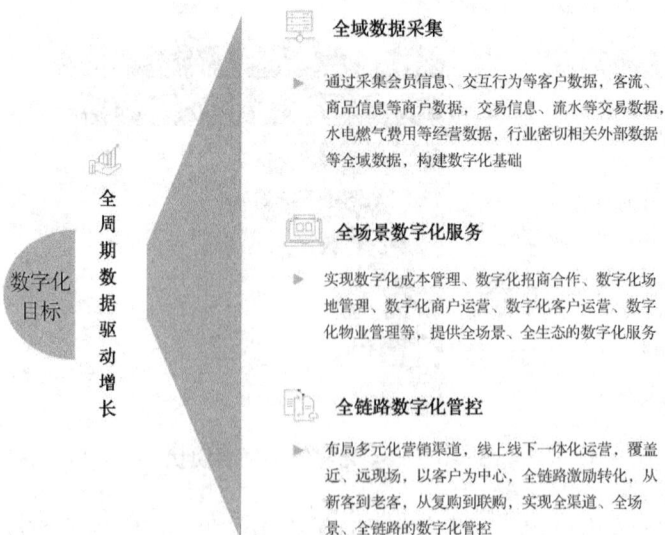

全域数据采集

► 通过采集会员信息、交互行为等客户数据，客流、商品信息等商户数据，交易信息、流水等交易数据，水电燃气费用等经营数据，行业密切相关外部数据等全域数据，构建数字化基础

全场景数字化服务

► 实现数字化成本管理、数字化招商合作、数字化场地管理、数字化商户运营、数字化客户运营、数字化物业管理等，提供全场景、全生态的数字化服务

全链路数字化管控

► 布局多元化营销渠道，线上线下一体化运营，覆盖近、远现场，以客户为中心，全链路激励转化，从新客到老客，从复购到联购，实现全渠道、全场景、全链路的数字化管控

图1-11　全周期数据驱动增长

随着多业务系统的打通与融合，零售企业将以数据赋能提高"场"的效率，以效益革命提高"人"的效率，以短路经济提高"货"的效率。数据反哺经营决策将得以真正实现，客户运营将成为零售企业经营价值核心，而这将驱动零售行业真正迈入智慧时代。

🖱 抛砖引玉

七鲜打造"一站式概念生活场"

作为京东全渠道零售的排头兵，七鲜始终与城市发展同频共振。七鲜经历了从提供高品质生鲜的 1.0 时代到提供专业美食解决方案的 2.0 时代，目前七鲜新店已进入"一站式概念生活场"的 3.0 时代。

七鲜在为消费者提供全方位、全时段的高品质美食生鲜商品，以及生活服务的一站式购齐体验的同时，推动城市商圈发展，带动区域消费经济增长，促进消费结构升级。

（1）不断拓展服务边界，匹配消费者的多元需求

七鲜亦庄龙湖天街店近 6 000 平方米的店内，汇集了丰富的商品和多样化的服务区。店内既有生鲜果蔬、牛排比萨、精酿啤酒、烘焙甜品等美食区，又有图书、鲜花、个人形象、母婴、家居等生活服务区。

全新升级后，七鲜"一站式概念生活场"的精致感与烟火气并存。

一杯摩卡相伴，阅读顿生情趣；现场手工水饺烹饪，带来"大厨级"美味体验；七鲜＋集美形象设计，打造高级感发型；高品质鲜花供应，点缀美好生活；水培蔬菜种植，优化亲子体验……七鲜新店通过对不同业态的融合创新，为消费者提供了更加优质的购物体验。

七鲜不断拓展服务边界，丰富消费场景，高水平匹配消费者的多元需求。

（2）七鲜食研室推出差异化商品，提供健康饮食新选择

七鲜长期以来的运营优势是精细化、品质化、个性化的商品策略。为满足消费者的需求和喜好，七鲜食研室集结了自研的多款热门商品，曾先后推出云朵牛乳老蛋糕、秘制黑椒烤鸡、藤椒小龙虾等多款人气较高的商品，俘获了无数消费者的味蕾，其中自研"控卡餐"备受好评，周复购率高达 44%。烘焙定制化商品占比达 50% 以上，商品美誉度在业内领先，受到消费者的广泛好评。

之后，七鲜食研室又结合消费者需求推出多款新品——熏肉拼盘、龙眼丸子等，还借秋季"现烤热出"之势，推出轻乳酪芝士蛋糕、便于单次食用的小包装吐司、多款切角的高颜值冷藏蛋糕，为消费者提供了丰富多样的下午茶选择。目前七鲜新店已全品类上架七鲜食研室自研的烘焙商品，商品比以往门店更丰富，70% 是七鲜烘焙师研发的差异化商品。

七鲜还推出自有品牌商品，如六比四黄金馅皮比的新品手工水饺，其以"优

质供应链、高性价比"的差异化优势，紧贴市场消费需求，逐步营造出"人无我有，人有我优"的独特消费体验。

（3）超值优惠＋贴心服务，打造"一站式"生活体验

七鲜新店开业时推出了丰富的优惠活动。除了为消费者提供价值108元的新人礼包，百余款商品买一赠一，海鲜加工仅需1分钱，到店购物实付满199元送精美帆布袋等优惠活动外，还有针对Plus会员的"1分购活动"，以及京东＋七鲜Plus会员开卡优惠，如开卡即享20元京东红包，并尊享每月30元满减优惠券、周三会员日9.5折红包、每月运费券、京东经典卡权益以及每月2次花0.01元购买品质鸡蛋等12种特权。

未来，七鲜将通过重构传统零售模式，持续创新业态，提升服务能力，布局全渠道，打造"一站式概念生活场"，为服务本地生活树立"新型基础设施"的标杆，为区域经济开辟新的增量场。

（4）形成"产地直供"模式，助力乡村振兴

七鲜依托京东遍布全国乃至延伸至全世界的供应链网络，与地方政府、农村合作社、龙头企业携手，与全国2 336个产业带、数百个地标产业带合作，开设了2 000多家地方政府授权的农特馆。在这种创新模式下，江苏宿迁霸王蟹、福建宁德大黄鱼、贵州修文猕猴桃等一大批地方特色农产品走向了规模化、品质化、品牌化发展之路，形成了"产地直供"模式，形成了从原产地到餐桌的全链路品质管理。"一站式概念生活场"一头对接着消费者高品质需求，另一头对接着优质货源，不仅服务广大消费者，还在助力农民增收、乡村振兴。

"一站式概念生活场"不仅是对消费场景的一种探索和创新，也是拉动消费、发展经济的一个重要站点。

📖 学以致用

1. 第4次零售变革是电商的出现，电商是以什么为基础出现的？
2. 零售企业数字化发展的4个阶段是什么？

✏️ 如春在花

从数字化零售运营角度来说，消费是经济发展的重要动力之一，与消费密切相关的零售便显得尤为重要。新零售是以大数据、云计算等为依托，采用"线下＋线上＋物流"模式的新业态，其核心在于科技的支撑，在发展中需要更多优秀的专业人才为科技的发展做出贡献。青年人要思想活跃、思维敏捷，主体意识、参与意识强，对实现人生发展、奉献社会有着强烈渴望。

温故知新

一、单选题

1. 下列选项中，（　　）不属于传统商超的困境。
   A. 消费群分流
   B. 到家服务能力弱
   C. 运营成本攀升
   D. 网民饱和

2. 在未来，导购需要具备的能力不包括（　　）。
   A. 全域获客
   B. 全时连接
   C. 流程再造
   D. 全位营销

3. 下列关于数字化零售的表述中，不正确的是（　　）。
   A. 数字化零售打破传统零售企业所面临的线上和线下的技术壁垒，运用数据，对消费者和市场进行更全面的分析
   B. 建立精准的消费者画像，为消费者提供个性化的体验和服务
   C. 数字化零售企业可根据特定时间段内的访客量、浏览量、消费者流向、人均停留时长等数据掌握实时客流动态，甚至对未来客流做出预测
   D. 数字化转型、技术创新，不是零售企业未来发展的必经之路

4. 线上化阶段的核心内涵和升级方向的维度不包括（　　）。
   A. 数字基建
   B. 总部角色
   C. 生态圈构建
   D. 关键运营指标

5. 全周期数据驱动增长不包括（　　）。
   A. 全面分析
   B. 全域数据采集
   C. 全场景数字化服务
   D. 全链路数字化管控

二、多选题

1. 电商的困境包括（　　）。
   A. 网民数量饱和
   B. 电商人才匮乏
   C. 诚信缺失
   D. 价格竞争激烈

2. 数字化零售具有（　　）特征。
   A. 购物场景化
   B. 体验个性化
   C. 支付数字化
   D. 营销精准化

3. 无界零售即（　　）。
   A. 场景无限
   B. 销售无界
   C. 货物无边
   D. 人企无间

4. 下列关于场景无限的表述中，正确的有（　　）。
   A. 消除空间的边界
   B. 消除时间的边界
   C. 消除商品的固定边界
   D. 消除心灵的区隔

5. 零售企业数字化发展的阶段包括（　　　）。

    A. 数字化1.0：信息化　　　　　　　　B. 数字化2.0：线上化

    C. 数字化3.0：数智化　　　　　　　　D. 数字化4.0：平台化/生态化

三、判断题

1. 我国食杂市场是全球竞争格局最复杂、创新速度最快的市场之一。（　　　）

2. 消费"多场景"在效率和体验方面的持续升级，紧逼传统商超重塑零售服务模式，进而促使传统的食杂消费裂变出一站式囤货、即时购买、日常采购等多重场景。（　　　）

3. 数字化零售采用人工智能、云计算、大数据等新兴技术，促使企业从采购、供应链、门店到销售终端逐渐数字化，不断优化商品、升级服务。（　　　）

4. 差异化营销不能满足消费者的多样化需求。（　　　）

5. "一站式概念生活场"不仅是对消费场景的一种探索和创新，也是拉动消费、发展经济的一个重要站点。（　　　）

项目实训

⤭ 实训背景

    李艾所在的学校拥有线上微店和校园实体店。该店铺是连锁经营与管理专业、电子商务专业联合打造的校内实训基地。

    为培养学生的数字化零售运营能力，教师决定以校内实训基地的真实项目为依托，将线上和线下的运营任务交给两个专业的学生负责。

✕ 实训要求

    连锁经营与管理专业、电子商务专业的学生在完成项目实训时，为实现线上线下全运营模式，遇到了很多困难。于是他们结合真实项目，尝试通过小组讨论、上网查找资料、请教企业教师等方式来解决难题。

    请结合实训，完成表1-1和表1-2。

表1-1　数字化零售线上运营的主要问题

线上运营环节	可能需要解决的问题及解决方法
构建消费者画像	
选品	

续表

线上运营环节	可能需要解决的问题及解决方法
上架商品	
策划活动	
推广	
物流管理	
售后服务	

表1-2 数字化零售线下运营的主要问题

线下运营环节	可能需要解决的问题
订货	
收货	
储存	
盘点	
退换货	
配送	

💬 实训评价

请教师和学生一起完成表1-3。

表1-3 评价表

评价项目		得分
教师评价	能够较完整地罗列出各环节可能需要解决的问题及解决方法（40分）	
	能够有效借助现有的渠道条件完成实训任务（20分）	
学生互评	对小组成果的贡献度（40分）	
合计		

项目二

数字化零售模式

职场情境

李艾在回家的路上无意间听到两个人在聊天，老奶奶问："这盒马鲜生生意怎么这么好啊？每次去都有很多人，传送带传送着打包好的货物。生意可比咱们家楼下的大超市红火多了。"只听大姐姐爽快地回答："奶奶，楼下大超市的经营方式从我出生到现在就没变过，是典型的传统零售模式，而盒马鲜生采用的是数字化零售模式。楼下大超市注重的是'卖货物'，而盒马鲜生注重的是'为人们提供良好的购物体验'。您逛了盒马鲜生后，觉得哪种模式您更乐于接受？"老奶奶答："当然是盒马鲜生喽！"李艾也去过盒马鲜生，但都是闲逛，没有仔细观察与思考，听大姐姐这么一说，他走向盒马鲜生，想看看它到底有哪些不同。

学习目标

知识目标

- 知道生态链管理的含义。
- 了解智能化技术。
- 知道以消费者为核心的营销模式。

能力目标

- 能够描述数据精准化消费者画像的意义。
- 能够说出打造智能化消费体验的方法。

素质目标

- 通过学习数字化零售模式，树立以人为本的思想，以及不断创新、敢于挑战未知的决心。
- 通过学习数字化零售模式，提升专业能力。

任务一　生态链管理与智能化技术

任务描述

李艾一直在思考这些问题：什么是数字化零售？实体超市和电商销售的问题到底出在哪里？它们与盒马鲜生又有什么不同之处呢？带着强烈的好奇心，李艾决定深入细致地研究盒马鲜生的数字化零售模式。只有搞清楚成功者的经验，找出传统模式与新型模式的差距，认识到实体超市和电商销售的不足，才能百战百胜。李艾想，当前就业压力这么大，他若将数字化零售理论掌握了，说不定以后也能成为一条小鱼，自由自在地畅游在数字化零售的清潭中。带着疑问和好奇，他踏上了数字化零售模式的探索之路。

任务实施

活动一　生态链管理

（一）线下实体门店

线下实体门店是最为传统的零售形式之一，这种形式虽较为传统，但在数字化零售中是不可或缺的。因为线下实体门店能够满足大多数消费者体验真实商品的需求，尤其是一些功能复杂或价格较高的商品，如 3C 产品类和珠宝类商品等。对操控性强的商品来说，线下实体门店也能够让消费者更深入地了解商品。另外，如果消费者去线下实体门店购物，那么商品不用进行长时间的物流配送，消费者也能提早享受商品所带来的体验感。

随着各种高新技术的发展，线下实体门店也在不断迭代升级，呈现出数字化、场景化、智能化的趋势，如 AR/VR 等沉浸式购物场景，能够为消费者带来更好的消费体验。

（二）电商

电商平台是使用频率很高的线上渠道，包括企业自建电商网站和第三方电商平台。随着移动互联网技术的高速发展，电商平台从 PC 端扩展到移动端，从网页延伸到 App。相较于其他渠道，电商平台具有以下特点。

1. 类型多、流量大

电商平台的类型多种多样，有淘宝、京东、天猫、拼多多、唯品会等。这些电商平台都有着巨大的流量，是流量的聚集地。

2. 能够满足消费者的个性化需求

随着消费者需求日益多样化，为消费者提供个性化商品或服务，精准对接消费者需求是各大电商平台开展差异化运营的关键。例如，拼多多以拼团购物为特色；依托小米生态链体系的小米有品服务于追求高性价比的消费者；网易严选采取委托生产模式，从挖掘消费者需求出发，按需定制商品，实现消费者与供应商的直接连接。不同的电商平台依托各具特色的商品或服务，满足了不同消费者的需求。

3. 商品展示方式多样化

淘宝、京东、天猫、拼多多不仅能以图文的方式对商品进行展示（见图 2-1），还能以短视频、直播的方式让商品获得更加立体、直观的展示。

（三）O2O平台

以美团、饿了么、大众点评为代表的 O2O 平台能够为消费者提供吃、穿、住、行等各方面的服务，不仅为消费者节约了时间，还带动了"懒人经济"的发展，其特点如下。

1. 直接连接消费者

美团注重吃、穿、住、行等各方面的团购，

图2-1　展示商品

而饿了么把重点放在外卖垂直领域。美团外卖和饿了么能够为消费者提供外卖到家服务，消费者可以直接为商家打分，并发表自己对商家的评价。这种模式让千万家餐饮店直接触达消费者，并和消费者实现直接连接。大众点评则通过消费者的内容分享，吸引其他消费者到店体验。

2. 注重消费者体验

O2O 平台更加注重消费者的体验。随着时代的发展，人们的时间越来越碎片化，对服务效率的要求也越来越高。因此，O2O 平台的一个重要任务就是提高服务效率，让消费者能够随时随地轻松购物，享受高效率的生活服务。

抛砖引玉

这是一个全新的时代，团购、外卖、移动支付的兴起使得零售行业的数字化进程大大加快，汉堡王也已开启数字化零售变革。

1. 切换至数字化轨道

早在 2015 年，汉堡王就已经开启了数字化转型。值得注意的是，汉堡王不仅是最早接入移动支付的品牌之一，也是第一批入驻外卖平台的品牌。尽管当时有各种各样的顾虑，需要对接各种各样的系统，但与支付宝、饿了么接洽后，汉堡王管理层便当机立断地进行了大量的合作。从现在的数据来看，饿了么和美团外卖等平台的生意贡献度超过了汉堡王整体数据的 30%。

汉堡王是大多数品牌探索数字化的一个缩影。通常来说，品牌探索数字化的第一阶段是线下拥抱移动支付，借助消费结算的端口，实现初始数字化；第二阶段是随着本地生活服务平台的出现，开始大举接入外卖服务，从"到店"延伸至"到家"。这看似是简单地入驻平台"薅流量"，但对传统企业的影响与挑战极大。扩大到整个行业来看，数字化转型做了很多年，依然存在诸多痛点：无法运营自己的流量、同质化竞争、营销不精准等。换句话说，获取流量越来越难，流量就算获取了，也无法很好地留存与使用。对于品牌来说，数字化转型不仅仅是点餐系统或支付环节的数字化，它需要企业具备整体的能力，能够整合支付、精准营销、配送、周边消费等环节，重塑运营体系。

2. 攻城略地

在掌握技术的前提下，汉堡王要想尽办法满足消费者的需求，通过不同端口和平台触达消费者，从而提供给消费者更多数字化的体验。汉堡王率先布局的是微信小程序，基于微信去中心化的特点，推出手机点餐、会员积分等服务。

2019 年年初，汉堡王就进行了支付宝小程序的尝试，并且与阿里巴巴生态体系的多端口进行了全面合作，如高德地图、口碑、天猫、饿了么等。依托于不同平台，汉堡王的数字化转型速度在不断加快。在线上，远距离消费者可以通过汉堡王天猫旗舰店购买代金券或套餐券，近距离消费者可以通过饿了么直接购买商品；在线下，消费者在到店前，可以通过口碑完成线上团购，然后通过高德地图到达最近的门店，到店后通过汉堡王支付宝小程序自助点餐。从线上到线下，通过阿里巴巴的数字技术和自有生态体系，汉堡王打造了营销闭环，可以在各个端口满足消费者的需求。一方面，平台的流量可以解决获客问题，汉堡王可以参与各种相关的联合营销活动；另一方面，借助支付宝小程序，汉堡王也建立了自运营阵地。

3. 一场数字化转型实验

2019年的"双12"，汉堡王与支付宝推出的"会员1元购小皇堡和薯条"权益，领取量超过了400万份，该权益只有会员可以领，核销额超过20万元，销售额超过了800万元。除了合作推出的活动外，在支付宝的花呗、蚂蚁森林等端口，汉堡王还推出了自主策划的活动，来进行会员的拉新，如图2-2所示。汉堡王也在通过平台级合作，在消费、营销、物料配送等方面实行多环节、全链路数字化，建立真正属于自己的数字生态系统。当平台帮助一部分企业顺利进入数字化轨道后，平台就成了绕不开的存在，无论是阿里巴巴还是腾讯，都在帮助企业打破传统商业模式的"结界"。

图2-2 汉堡王与蚂蚁森林合作拓宽端口

在行业不断变化的情况下，企业只有一直运用新思路、新方法，才能不断给消费者带来良好的消费体验。

数字化转型可能会使企业在短期竞争中承受一定的压力，或是看不到具体的成效，但从长期看，企业会在接下来的竞争中释放更多势能。值得期待的是，越来越多的企业开始注重和布局数字化轨道，"数字化＋零售"成为热潮，零售行业将会进入一个新的发展阶段。

👤 活动二　智能化技术

1. 区块链技术

去中心化、高效、安全是区块链技术的 3 个重要特征。它可以解决数字化零售时代消费者信息不安全、供应链环节不透明、物流信息难以跟踪、消费者对商家缺乏信任等零售行业的几大痛点。首先是共享性。参与者之间的信息共享能使供应链中的信息流高度透明化，有助于及时追踪流程环节中的问题，并有针对性地解决问题，从而提高供应链管理效率。其次是可溯源。不可篡改的记录和时间戳让信息可以被溯源追踪，能够有效解决供应链内商品流转中可能出现的假冒伪劣问题。

由于区块链中的信息无法篡改，完全透明，这就规避了商家反悔或是不法分子在供应链环节动手脚的潜在交易风险。由于供应链环节的每一部分信息都通过时间戳记载在特定的区块中，按照顺序接入整个区块链被存储起来，消费者可以随时随地查询商品从生产、加工、出厂到运输的每一个环节，追踪商品在供应链上的不同状态，这就从根本上杜绝了商品的假冒伪劣问题，保证了商品的质量。

2. 人工智能技术

人工智能技术的发展使得消费者被"分解"成数据，消费者的每一个消费习惯、每一个心理动向、每一个关注点都被精准地捕捉，并纳入数据分析。当消费者打开外卖 App，App 将智能推荐消费者今天可能想要尝试的套餐；商场里的人工智能识别摄像头，通过人脸抓拍、人脸识别，精准统计客流量，分析消费者的行动路线和停留时间，解析消费者的消费习惯和消费取向，供商家参考，以便商家采取更加精准和科学的营销策略，最大限度地缩短和消费者之间的距离。

3. 云服务技术

云服务是基于云计算平台的服务。当一项计算任务发起后，架设在云端的计算单元可以同时参与计算，并将结果返回终端用户。云服务技术有两个重要特点：一个是交互性，另一个是按需扩展。这两个特点使云服务技术能串联起数字化零售的各个运作环节，与大数据技术、人工智能技术等高新技术相结合，打造"产销一体"的供应模式。

在云服务技术的支持下，供应链可以结合大数据进行"按需生产""按需供应"，从而最大限度地减少货物积压，提高货物流动的效率。货物积压减少，也使得市场有更大的开发空间。

在云服务技术的助力下，商家可以对消费者进行精准洞察，并开发相关商品，满足市场的需求，增强信息整合能力和资源协同能力。

抛砖引玉

"云服务+数字化零售"这一模式给羽绒服品牌波司登带来了崭新的发展空间。

消费者是波司登数字化转型过程中首先需要关注的问题。波司登借助云服务技术将消费者特征归纳为4种属性，包括性别、年龄、生日等人群自然属性，尺码偏好、颜色偏好等商品偏好属性，消费次数、最高单价等消费行为属性，以及流失、忠诚、价值等RFM属性。基于这4种属性，波司登完成了100个以上的指标、300个以上的消费者标签的建立，并形成了消费者画像。以此为基础，波司登能更全面、更准确，也更有针对性地了解消费者、服务消费者。

消费者在哪里，波司登就在哪里。不同商圈的消费者画像又决定了波司登门店的商品结构。商渠匹配智能应用综合消费者画像（性别比例、主题偏好、消费水平等）、商圈气候、历史销量等数十个维度，匹配服饰主题风格、尺码、颜色等指标，细化到每个渠道、每家店铺，实现自动化、智能化铺货。

智能销量预测系统可以精准减少库存积压，提高售罄率。该系统小到预测每一阶段每个款型、尺码的销量，大到预测单个渠道的总销量，实时输出结果，波司登便以此为依据进行调补货、下单生产、营销促活等商品洞察和运营动作。

波司登借助库存数据建立预警系统，库存数据一天一出，实时预警数量不足的最小存货单位（Stock Keeping Unit，SKU），以指导下单。该系统结合销量预测与库存一体化管理，对下单量和下单优先级给出智能化建议；与供应链拉通协同，形成自动快速下单机制，有效避免了库存不足或库存过剩两种极端情况。

波司登在云服务技术的助力下，构建起了以消费者中心、交易中心、库存中心、订单中心为核心的"云产业链"，打破了3 000家门店的信息割裂状态，实现了会员信息、零售信息、库存信息的高效流通。这样波斯登不仅可以精准洞察消费者信息，为消费者生产个性化商品，还能交换不同门店的会员信息和库存信息，从而实现不同门店库存的高效流转，解决库存积压的问题。这就是云服务技术在数字化零售时代的运用案例。随着云服务技术的发展，"云产业链"在数字化零售时代将具备更强大的功能。

学以致用

1. 你还能说出哪个品牌的数字化营销案例？
2. 数字化零售的生态链都包括哪些要素？
3. 你还知道哪些数字化零售的渠道？

✍ **如春在花**

随着时代的进步，"守株待兔"的销售模式早已不适合当下了。企业要想在竞争激烈的今天站稳脚跟，就必须转变思想观念。因此，企业一定要跟上时代前进的步伐，多学、多看、多练，勤于思考、善于总结、勇于创新、大胆实践，借鉴别人成功的经验，制定独具特色的销售策略，让自己的零售道路越走越宽广。

任务二 以消费者为核心的营销模式

任务描述

李艾的妈妈马上就要过生日了，他想给妈妈买礼物，于是他利用周末时间到百货商店挑选礼物。他发现一个珠宝柜台前消费者络绎不绝，这引起了李艾的好奇心，于是他挤上前去想要一探究竟。他发现柜台里展示的珠宝款式确实很新颖，顿时明白了这个珠宝柜台客流量大的原因。这个珠宝柜台是如何做到让消费者追捧的呢？一起来学习吧。

任务实施

👤 活动一 销售变革

在零售业发展的不同时期，"人""货""场"三者的关系也随着市场的发展而变化。例如，在市场经济发展初期，因为物资短缺，"货"是占第一位的。由于供不应求，任何商品都很容易销售出去，所以那时的零售模式是"货—场—人"。

而后，由于工农业的迅速发展，商品逐渐多样化，同时供给量逐渐上涨。"场"可以帮助企业获得较大的客流量，其优势也逐渐明朗，企业只有占据市场的黄金位置，才能从激烈的竞争中脱颖而出。所以，那时的零售模式是"场—人—货"。

在互联网时代，资源充足、平台渠道多样，如何激发消费者的购买欲望成为销售的核心。因此，"人"就成了整个零售模式的核心。分析人的问题，其实就是分析消费者属性。消费者属性分析一般是基于消费者的互动行为、消费行为进行的。例如，在生鲜电商领域，一些消费者是被注册送100元优惠券、满38元免配送费、消费满额送消毒洗手液等活动吸引而产生购买行为的。这类消费者可以贴上一个标签——促销敏感型消费者。同样地，我们还能利用各种数据和活动，来为消费者打标签，如工作日购买消费者、异常天气购买消费者、晚高峰购买消费者等，标签并不是固定不变的，需根据实际情况而定。所以，现在的零售模式是"人—货—场"。

（一）以人为本的"人和"销售

从消费者层面看，数字化时代赋予了消费者一双"火眼金睛"，他们通过更加广泛的信息来源识别商品或服务的优劣程度，消费自主权逐步从企业转移到消费者手中。这对传统零售行业形成了巨大的冲击，同时也给数字化零售带来了蓬勃发展的契机。

从企业层面看，谁能顺应时代变革抢占先机，谁就能存活下去，甚至蓬勃发展。兵家之战，胜在学会审时度势，把握大局，再知彼知己，度德量力。

企业通过各种媒介，一方面收集消费者结构化和非结构化的大量数据，正所谓"兵马未动，粮草先行"，收集起来的数据就是用于制定零售策略的"粮草"；另一方面，消费者的身份也由过去传统意义上的买家，转变为集买家属性和卖家属性于一体的双重身份，这使得来自消费者的信息更为复杂多样。企业应了解消费群体，进行群体分类，然后运用大数据整理、汇总、分析消费者信息，对其在消费之前、消费期间、消费之后的全部感受进行分析，包括情感、喜好、认知、行为以及体验等各个方面。

（二）以商品为主的"天时"销售

企业为消费者提供有价值的商品，满足消费者需求的同时实现盈利，以达到自己的最终目标。企业实现盈利最大化的具体操作方法如下。

1. 经营管理

经营管理即制定经营目标，选择多种经营形式，准确定位消费群体，以最大限度地使消费者满意，从而加快企业资金周转速度，使利润产生于速度的"快"上。

2. 商品管理

企业应根据不同消费群体的不同需求，选择适合目标群体的商品，采用合理的价格体系陈列和展示商品，并针对不同的消费群体，体现适合他们的商品价值并满足其需求，使利润产生于商品品种的"全"上。

3. 促销推广

企业应采取灵活多样的促销手段，选择有效的市场促销推广活动和广告媒介，最大限度地告知目标消费者自己的商品，以实现经营目标，使利润产生于占有市场氛围的"盘"上。

4. 打造良好形象

形象即企业定位的品牌、商品、店内外的风格形象。企业应以良好的形象和优质的商品，与消费者建立最佳联系，并获得反馈。

（三）以场地为主的"地利"销售

企业资金、人员、科技水平等各个方面再有优势，但如果无用武之地，也无济于事。

传统意义上的场地主要指实体经营场所，而数字化零售时代所称的场地包含了实体经营场所和电子平台等多个销售渠道。未来随着 AR/VR 技术的进一步发展，消费场景将会无处不在，能使消费者获得更好的消费体验。

零售行业围绕人的数字化能力成为重构"人—货—场"的核心，人——建立丰富的人群标签以实现精准的人群定位；货——结合人群需求与消费场景优化商品动销能力；场——打通不同零售通路，优化多渠道场景的布局，并在现场给出全域消费者增长价值挖掘的路径建议，即以存量—带增量—终全域，如图 2-3 所示。

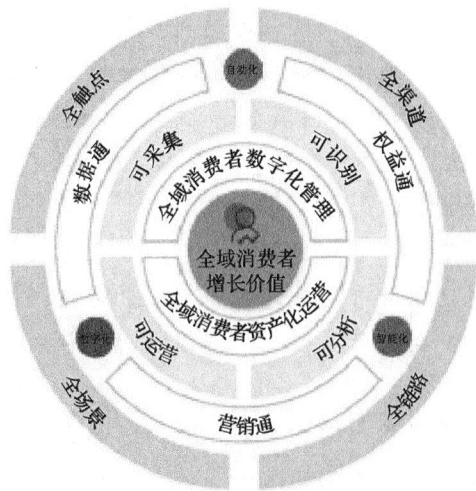

图2-3　全域消费者增长价值挖掘

📇**抛砖引玉**

2019 年 5 月，古名与银泰合作推出了 ITM 定制款，该款产品上新后在一个月内便卖出了超过 1 200 件，ITM 定制款的销量是往常单品的 20 多倍。从被动变主动，银泰参与的程度越来越深，卖货的效率越来越高。从消费者偏好研究、销量预测、产品设计到精准营销等各个环节，都有银泰的身影。零售终端对于与品牌商这样的深度合作激动不已，称这将成为百货零售行业革命的起点。

古名创始人说："一个月内卖出超过1 200件，应该说是珠宝行业的奇迹。"此后，古名与银泰合作推出的一些四季款，都有不错的销量。

珠宝的款式很多，二三十平方米的柜台里常常有500多个款式。月销量达到十几件、二十几件的单品就已算是"爆品"，因此珠宝类产品通常不会有很多库存，这是行业常识。所以当银泰要求古名备几百件产品时，古名对此是抵触的。因为珠宝行业历来重线下，通过低价黄金来吸引流量，这套模式在珠宝行业里盛行了很多年，从未变过。古名是一个时尚类品牌，只做线下，觉得这种昂贵的产品在线上销售的效果不会很好，如果卖不出去就会变成库存，备货支出的资金会直接影响公司资金流。

抱着试一试的心态，古名决定与银泰合作。没承想，新品一经推出，一个月不到便创造了近70万元的业绩，这是以往单品业绩的二三十倍。此外，新品售罄率近70%，说明其成了名副其实的"爆款"。

另外，银泰为了实现人、货、场协同，还采取了一个很重要的措施，就是在定制产品之前，结合大数据找出消费者喜欢的元素，通过数据挖掘找出创意点。

以古名的珠宝为例，银泰的商业智能数据分析专家表示："一款珠宝产品传统的设计方式，是专业设计师凭经验判断这种款型是否能热销，库存量和销量预测也多凭经验与感觉进行，所以门店不敢准备很多货。最后在销售环节，传统方式是把产品放在专柜里，被动地等待消费者上门。"他认为，从产品设计到生产、配货，再到最后货人匹配，这种传统的方式是非常低效的。

具体来说，上述过程银泰是这样实现的。

首先，在产品设计阶段，银泰提供的是有阿里巴巴数据支持的银泰消费者喜欢的元素，数据不仅包括消费者在珠宝类产品上的偏好，还包括对珠宝类产品以外的元素的偏好。"在产品设计上，我们可以利用大量数据模型帮助这些品牌商设计不一样的东西。"

例如，在设计联合古名推出的七夕定制款时，银泰便通过数据分析得知目标消费者对于流动形的爱心具有较高的偏好，且爱心放在左边的销量会比放在右边的更好。多维分析后，各个环节都有着充足的"确定性"。对消费者而言，饰品是为其量身定制的，符合其审美和消费能力，无须反复对比挑选；对品牌商古名而言，定制款的目标消费者不再是每一个路过柜台的消费者，而是有着清晰消费者画像的特定消费者，古名做到了"柔性定制"，避免了盲目批量生产的不确定性；对银泰而言，在百货零售行业客流量下行的趋势下，这一举措有望提高品牌商的效益。

其次，在生产和配货阶段，在知道有多少人会喜欢这种设计风格的情况下，银泰自然就会知道这些人大致的需求量。这时候品牌商就能够知道大概备多少货，并避免大量缺货或补货的情况出现。

最后，在货人匹配阶段，提效由喵街（银泰官方线上购物 App）实现。因为喵街上所有消费者，全部是线下的消费者，就是逛银泰商场的消费者，而不是电商平台的消费者。银泰的消费者只是将喵街作为银泰的一个线上购买渠道，从而让购物变得更加方便。通过喵街，银泰可以将推出的新品精准推送给目标消费者，因为这些新品最初就是依据他们的喜好而设计完成的。这时就可以发现，银泰提出的数据驱动方式是一个闭环，起点是消费者的需求，终点是将可以满足需求的产品提供给这些消费者。

📝 学以致用

1. 数字化营销与传统营销的要素排序有哪些不同？
2. 导致营销要素排序发生变化的原因是什么？

👤 活动二　数据精准化消费者画像

大数据技术使企业可以更加精准地分析消费者需求，优化日常运营。

（一）指导消费者画像构建

企业通过对消费者方方面面信息的了解和分析，最终构建出独具特色的消费者画像。通常情况下，较为典型的消费者画像包含的维度主要有：性别、年龄、偏好、消费习惯、居住地、健康状况、生活习惯、作息时间等。当然，如果企业想让消费者画像更加精准，还可以在上述维度的基础上继续细分。消费者画像的构建步骤如下：建立消费者画像的方向或分类体系；收集消费者相关数据；研究消费者标签和基于消费者指数建模；保护消费者的隐私。

1. 建立消费者画像的方向或分类体系

在大数据飞速发展的时代，那些比较知名的企业都在利用将人工智能与大数据系统相结合的方式来构建消费者画像。

建立消费者画像的方向或分类体系，具有非常明显的优势：一方面，可以保证消费者画像的体系化及结构化；另一方面，可以增强消费者画像的实用性。

2. 收集消费者相关数据

收集消费者相关数据的方法主要有两种。第一种是企业通过与各软件厂商合作，从软件厂商那里购买相关数据。这种方法要求企业协调各软件厂商生产符合本企业需求的应用系统，同时为它们提供数据接口，以实现数据的收集。第二种是企业自主收集消费者相关数据。这种方法要求企业的有关技术人员运用软件系统的底层数据交换功能、软件客户端和数据库之间的网络流量包，借助网络分析等技术，收集目标软件产生的所有数据，再将这些数据进行转换和结构化排列，然后输出到新的数据库以供软件系统随时调用。

3. 研究消费者标签和基于消费者指数建模

在研究消费者标签和基于消费者指数建模时，企业要做到两点：一是要准确锁定有针对性的数据；二是要有大量数据做支撑，从而做出判断。若数据的针对性不明显或数据量比较少，企业也无法准确利用这些数据来为消费者贴标签。

4. 保护消费者的隐私

企业构建消费者画像是为了掌握消费者的需求，实现精准生产和经营，而绝不可以将消费者隐私挪作他用或转卖给其他企业。因为消费者画像实质上就是消费者的隐私，泄露消费者的隐私，就是侵犯消费者的权益，这样做既违法又违背道德，是诚信缺失的表现。因此，企业要在取得消费者授权、保证消费者隐私安全的前提下，合理、合法地收集、使用消费者的个人信息。

（二）驱动品牌形象调整

品牌不只是一种识别标志，也是一种精神象征，更是一种价值理念。从企业的角度来看，品牌可以包含各种各样的内容，如企业名称、商标、特殊服务以及其他有别于同类企业的标志等。

品牌的重要性不言而喻。第一，品牌可以在很大程度上影响企业商品的定价和销量；第二，品牌还可以为企业的长足发展保驾护航。目前，有些企业似乎对品牌并没有给予足够的重视，这一点在对品牌形象的调整方面表现得尤为突出。

过去多数企业更注重商品调查、消费者满意度调查、广告效果分析等工作，对品牌形象塑造的重视程度则明显不够。塑造品牌形象方面的工作某些企业可能一年甚至几年才会开展一次，这样的做法其实与时代进步是格格不入的。如今，好的品牌形象会产生粉丝效应，会使消费者对其热衷迷恋，从而忽视价格等其他因素。品牌形象是企业树立信誉、吸引消费者的一个非常重要的组成部分。如今，大数据技术为各大企业抓住市场需求、调整品牌形象提供了依据和条件。

在大数据的背景下，企业可以广泛收集消费者的购买行为数据，通过对这些有价值的数据的筛选、整合和分析，对流行趋势做出科学合理的预测，从而有针对性地调整品牌形象。

那么，企业该如何从大量的数据中挖掘出需要的数据，并弄清楚数据背后与品牌的关联呢？这是每一家企业都应该认真思考的问题。要想解决这个问题，企业就必须摒弃以往那种单向的内容研究，转而进行新背景下"内容＋关系"的多维度研究，以进一步调整企业品牌公关策略。

在大数据的协助下，企业可以为消费者绘出精准的画像，消费者的需求也可以更加清晰地展示出来。这样企业就可以在此基础上制定或调整品牌公关策略。企业通过这种方式制定品牌公关策略，使品牌形象推广的精准性得以提高，那些无关的信息甚至是骚扰信息就不会干扰消费者的消费体验。

大数据不仅可以影响企业品牌公关策略的制定或调整方向，还可以指导企业改进零售商品的生产管理，使企业的品牌形象更加深入人心。

任何一家企业，要想不做时代的弃儿，就应该紧跟大数据时代的发展趋势，不断调整品牌公关策略，不断改进商品，从而提升品牌形象，博得消费者的信赖与支持。

抛砖引玉

作为国内有名的酒店管理集团，万达酒店很早便意识到了数字化转型的重要性，并不断通过数字化手段改善酒店的整体经营情况，强化自身的市场竞争力。

2021 年，万达酒店开始着力开发用户管理系统，优化直连渠道，以整合会员体系的方式，达到满足用户数字化体验需求与拉动整体营收增长的双重目标。目前，万达酒店的会员数突破 700 万人，会员收入增长近 100%。万达酒店 2021 年财报显示，全年营收为 7.59 亿元，同比增长 33.3%；毛利约为 4 亿元，毛利率约为 52.7%。

在微信端，万达酒店根据最新的用户需求以及行业内的先进理念，接连推出了微信订房小程序、微信商城、积分商城，同时自行研发出一些工具（见图 2-4），效果非常不错。2021 年，万达酒店在微信上的直销平台，收入近 1.7 亿元。

图2-4　万达酒店数字化营销服务

　　针对核心用户，或称种子用户，万达酒店推出了会员卡，并进行了一系列营销推广，发展付费会员近10万名，付费收入近2 600万元。这部分用户的复购率很高，在30%左右。

　　通过多方渠道精准分析用户数据，万达酒店还推出了商务卡体系，满足了商务用户会议预订的需求，会议预订收入近1.7亿元。

　　万达酒店将继续提高服务水平，将用户喜好、用户投诉、特殊服务需求，甚至一些投诉反馈，同步到用户管理系统中，如此一来，万达酒店的员工就能根据相关信息，向用户提供更好的服务。例如，通过提前关注用户的喜好以及历史投诉信息，有针性地提升体验。

　　这些都是万达酒店考虑用户需求后制定的一些全新的方式与举措及其取得的一些成绩。

　　2021年，万达酒店采用的是会员体系，该体系将用户划分为3个类型，针对不同的用户类型有不同的营销策略，如表2-1所示。

表2-1　万达酒店的不同用户类型及对应的营销策略

序号	用户类型	营销策略
1	商务用户	提供会议服务
2	普通用户	有梯度的会员体系，从蓝卡到钻石卡
3	普通会员	叠加餐饮权益的会员体系

以上就是万达酒店目前采用的涵盖所有人群的会员体系。未来万达酒店将进一步推进精细化营销工作，例如：根据收入水平、离店时间自动推送一些营销信息，以及有针对性地进行积分到期提醒等；根据需求与消费习惯，推送不同的营销内容，从而刺激复购。

学以致用

1. 结合案例思考万达酒店都做了哪些用户分析工作？
2. 你还能想到哪些以用户消费体验为核心的数字化营销案例？

活动三　智能化的消费体验

（一）提供沉浸式消费体验

沉浸式消费体验以消费者为中心，是一种通过品牌创造的体验，而不是通过商品；是一种在消费者出现的所有渠道和围绕消费者的所有方面，给消费者带来凝聚力的亲身体验。在这种体验下，消费者不断关注品牌活动，加深对品牌和商品的认识。

在数字化零售时代，零售门店的职能已悄然发生变化，从单纯地卖东西逐渐转变成兼顾卖东西和展示品牌形象。在消费群体渐趋年轻化的历史时期，消费者的需求与之前相比也发生了翻天覆地的变化，那些具有创新性、个性化的零售门店更能俘获当今这些消费者的"芳心"。

以消费者为中心的沉浸式消费体验也是数字化零售发展的趋势之一，因此，零售企业要把关注的重点转移到消费者身上。

1. 打造数字化零售终端

在数字化零售时代，"消费体验"和"数据驱动"使消费者得以体验到丰富的交互、精准的服务、便捷的支付等，二者经过不断的运作产生大量的数据，同时数据又为其运作提供有力的分类、分析支撑，二者相辅相成，形成了数字化零售的重要元素。站在消费者的角度来看，线下是其获得消费体验的重要场景。因为线上只能实现视觉与听觉两种感受的体验交互，人类的触觉、嗅觉、味觉及情感等高级的立体体验，在线上无法全面准确地实现。所以，对于那些应由导购引导进行销售，可以带来丰富使用体验的商品，线下才是其打造消费体验的重要渠道。然而，站在企业的角度来看，销售渠道分为线上渠道和线下渠道。对于线上渠道，企业开设网店，开展营销推广、消费者管理、数据采集等活动都需要依托于第三方来完成，交易规则、支付方式等机制也由第三方把控，企业线上渠道的消费者数据通常掌握在第三方手中。如果想采取有效措施来提升消费者体验，则企业必须获得第三方的同意和支持。如此一来，企业在线上渠道处于十分被动的地位。

通过以上分析不难得出结论，线下是打造消费体验的最佳渠道。线下实体门店通过提升零售终端系统数据处理以及业务应用能力，可以为消费者创造在线上无法得到的超值体验，以此吸引消费者从线上回归线下，回到人与人面对面交流的情境。

线下实体门店的价值重新显现。线下实体门店是商品流转得以实现的重要场地，成为商品流通环节的末端。线下实体门店能够为消费者提供更具体验感的服务，让消费者参与其中。在这里，品牌能够向消费者传递很多信息，如品牌的经营理念、服务能力等。消费者付款后可马上获得商品，无须等快递配送，就可以亲眼看到、亲手摸到商品，直面商品，对商品更加放心。而在手机移动支付、智能设备等各类新技术或新工具的带动下，作为线下销售点入口及消费者体验最先触点的零售终端就显得尤为重要。

在线下实体门店重显价值的今天，努力将零售终端打造成零售渠道的高效工具，是零售企业的当务之急。要实现消费者数据与业务数据的深度整合，数字化零售时代的零售终端系统就应该集商品销售支持、场景化营销、库存管理、消费者管理、报表分析、员工管理等功能于一体。在需要导购引导来实现商品销售的零售领域，导购与消费者的每次互动都会产生宝贵的数据，所以线下实体门店也成了收集消费者数据的重要场地。零售终端系统具有强大的消费者数据收集功能，它可以帮助线下实体门店收集营销数据。例如，在美妆销售领域，通过将智能终端系统、部分硬件等进行整合，可以让消费者的身份、肌肤测试与消费者使用商品所产生的数据在美妆品牌的零售终端形成关联，这样美妆品牌就可以全面掌握消费者的肌肤变化数据与商品消费体验全过程，从而为开展精准营销收集更为有效的参考资料。

数字化零售发展到今天，传统零售企业只有以消费体验为中心实行数据驱动，努力满足不同消费者的需求，才能顺利实现数字化零售转型。"工欲善其事，必先利其器"，零售终端系统的升级调整将决定传统零售企业的竞争能力。

2. 建立多种类型的快闪店

在当下的市场环境中，零售业态正在发生巨变，品牌商比任何时候都更需要思考"时机"这个要素。它们必须在合适的时间以恰当的方式出现在正确的地方。快闪店让品牌商与消费者的互动在空间和时间上更具灵活性，而不用局限于特定的场所。品牌商开设快闪店的目的主要有以下几个。

（1）为新品及新门店造势

随着时代的进步，快闪店不再只是一个短期售卖商品的店铺，还承担着营销和造势的功能。品牌商可以通过开设快闪店的方式来宣传和推广自己的新品，这样不仅能形成较好的引流推广效果并有效提高市场对新品和品牌其他商品的关注度，还能用较低的成本试探市场对新品的接受程度。

（2）提高品牌曝光度

快闪店作为营销工具，已经越来越多地被品牌商选择，以达到短期内聚集较高人气、形成热点的目的。快闪店前期的宣传力度，再加上独特的装饰，有趣、好玩的线下体验，能够为品牌带来足够的关注度和热度。而消费者在快闪店体验时，往往会拍照留念，并在自己的社交圈中分享体验，这样会进一步扩大品牌传播的范围，更利于提高品牌的知名度。

（3）打造体验式场景

随着时代的发展，消费者接受新鲜事物的能力越来越强，消费观念也在不断发生变化，在消费时更加追求个性、体验和价值。品牌商以体验式场景让消费者对商品进行试用，通过快闪店的形式，能够让消费者实际感知商品的品质及性能，并给消费者带来新鲜感和乐趣，如图2-5所示。

图2-5　具有特色的快闪店

（4）刺激消费者的购买欲望

品牌商需要不断推出折扣商品或赠品，并制造强烈的营销话题效应，以刺激消费者的购买欲望。此时，品牌商可以利用快闪店开放时间短的特点，采取饥饿营销的方式。

（二）打造智能化消费体验

在零售领域，VR 和 AR 技术与零售业的融合，将会使零售业产生颠覆性的变革。新事物如果能为人们带来一种全新的生活方式及消费理念，或帮助人们解决某个痛点，或提升某个领域的服务品质，那么必将引发一场革命。

VR技术是在计算机上生成一个三维空间，并利用这个空间为使用者提供关于视觉、听觉、触觉等感官的虚拟环境，让使用者仿佛身临其境。

AR技术是一种能够将虚拟信息与真实世界进行巧妙融合的技术，通过多媒体、三维建模、实时跟踪及注册、智能交互、传感等技术和手段，将计算机生成的文字、图像、音乐、视频、三维模型等虚拟信息进行模拟仿真后，应用到真实世界中，让两者互相补充，从而达到"增强"真实世界的效果。

在零售业，这两项技术可以给消费者带来更好的体验。VR技术适合为零售商开展销售规划设计提供辅助，AR技术则多用于提升消费者的购物体验。

1. VR技术辅助零售商开展销售规划设计

在辅助零售商开展销售规划设计方面，VR技术的作用主要表现在以下两个方面。

（1）店铺设计测试

对于零售商来说，利用VR技术可以实现店内布局设计的可视化，以及人流方向的可视化，这样零售商就可以通过A/B测试找到最佳的店铺布局设计方案。店铺布局设计是一件非常麻烦的事情，因为设计者无法将设计结果进行直观、立体的呈现，更不能展示这种设计所形成的效果。

（2）虚拟巡店

VR技术还可以帮助管理层实现虚拟巡店。借助VR技术，管理者无须亲自到店即可对各个店铺进行巡查，了解商品的实时销售情况。

2. AR技术提升消费者的购物体验

在提升消费者的购物体验方面，AR技术的作用主要表现在以下3个方面。

（1）展示商品使用效果

在普通消费场景中，消费者很难想象商品的实际使用效果，这会对其购买行为产生影响，甚至可能会导致消费者最终放弃购买该商品。而AR技术可以为消费者展示商品的使用效果，不仅能让消费者对商品产生直观的使用感受，坚定他们的购买决心，还能让零售商打破门店面积的展示限制，进行更全面的商品推广，最终形成消费者和零售商共赢的局面。

在购物场景中，尤其是在服装试穿、化妆品试用等环节中，AR技术有着巨大的应用价值和发展潜力。AR技术不仅可以帮助消费者节省大量的时间和精力，还能为他们提供更好的试穿和试用体验。图2-6所示为AR技术提供的试穿体验。

图2-6 AR技术提供的试穿体验

（2）提供沉浸式的购物体验

如果能够强化消费者在店铺内的参与感，使其形成沉浸式的购物体验，那么从消费者踏入线下实体门店或者打开网店的那一刻起，零售商就有可能与消费者建立情感联系。

VR和AR技术的出现打破了传统的商业界限和定律，它既可以呈现出虚拟的环境，又可以将娱乐体验融入零售业务，从而增强消费者的参与感。在电商领域，VR和AR技术也能让网上购物体验更加真实，更具吸引力。

（3）提供更多的商品信息

将AR技术应用到线下实体门店中，不仅能够有效地保持购物环境的舒适和整洁，还能为消费者提供更加全面、更有价值的与商品相关的信息。在零售场景中，AR技术通常用于展示更多的商品信息。消费者通过扫描图片或使用AR应用程序，能够了解到商品详情，如商品的来源、制作过程、评价、详细参数等。

抛砖引玉

向来擅长以情动人的"聚划算欢聚日"，在2021年年末推出了一支跨年创意广告，把当代人果敢舍弃烦恼的漂亮姿态刻画得淋漓尽致。"五、四、三、二、一"，每一个场景里的倒计时，如火箭发射、求婚等，2021年每一个让众人屏息凝神的时刻，都是对一场新欢聚的热切期待。当倒计时归零，是时候以更轻盈的姿态和更饱满的情绪奔赴2022年了。

作为场景营销领域的老玩家，"聚划算欢聚日"围绕十大欢聚场景完成了13个年度品牌的评选。2021年，这些新老品牌们的营销成绩单，为市场完整地呈现了场景营销的最新趋势。

1. 营销场景塑造

打造强调"沉浸式体验"的营销场景，离不开对社群生态的营造，在讲究"氛围感"的时代，品牌必须全域塑造社群生态，从而构建起自身的品牌标签。

2021年4月，小米春季全家族新品在"聚划算欢聚日"首发，继续瞄准了粉丝经济这块流量池。在上海大悦城搭建起"米粉"新品体验店后，小米集结了一众新机发烧友参与线下互动。小米定制的"生生不息"环保礼盒一经推出，便吸引了4万人参与抽签，总成交额打破"聚划算欢聚日"手机类目的纪录。在新能源汽车发布等品牌重大事件节点上，小米联手"聚划算欢聚日"，在发布会期间登上微博热搜榜7次，引起各渠道"米粉"的热议。

百事集团在新营销场景的打造上选择了盲盒这一大热点，如图2-7所示，在"聚划算欢聚日"一举拿出吃喝玩乐、运动健身、"宅人"追剧、好友欢聚四大营销场景，结合平台"欢聚"属性，首次在阿里巴巴全域实现渠道共振，最终人群资产增长33%，入会人数日均增长248人。

图2-7　打造场景盲盒

已经四度牵手"聚划算欢聚日"的李宁，继续瞄准年轻群体不断发力，通过代言人与粉丝的新品互动体验活动强化了国民品牌标签，其成交额最终破亿元，刷新纪录，同时新客同比增长72%。

2. 营销场景互动

社群无时无刻不处于人际关系网络中，社交性是场景营销必须重视的要素之一。"聚划算欢聚日"等平台通过连接品牌与消费者，以社交形式爆发式拉动流量增长，成为品牌进行社交裂变的重要武器。

对于自带流量的迪士尼而言，拓展品牌人群结构是当务之急。2021年，迪士尼首次与"聚划算欢聚日"合作，其天猫官方旗舰店重新开业，迪士尼彩蛋主题定格动画视频观看量达1 700万次，"聚划算欢聚日"特别定制的H5彩蛋互动量也超过了12万次。其线下门店搭建的彩蛋装置，更增强了营销体验。2021年，迪士尼成为"聚划算欢聚日"平台品牌全年成交量第二名，活跃新客占比92%。

3. 营销场景运营

对于场景营销而言，一个场景就是一件产品，因此场景营销也需要强调社群本身的产品性。连续4年与"聚划算欢聚日"合作的百丽鞋业集团，2018年举办首场时尚走秀活动，2019年启动青年原创设计师基金会，2020年进行品牌升级，2021年首次尝试沉浸式秀场，并结合密室逃脱互动形式，邀请众多知名人士打造了星光熠熠的欢聚盛典。

在社会责任履行上，联合利华集团与阿里巴巴共建全网环保人群包，结合阿里妈妈智能黑盒环保人群标签，精准触达500万人，转化效率提高55%，成交环保新客达43万多个；在智能生活场景的构建上，美的生活艺术展在北京举行，知名艺人与美的总裁一同逛展，同步直播带货，直播累计观看量达34.54万次，总成交额超10万元；在品牌升级上，Babycare通过快闪店、"小熊熊抱扫楼"两场线下活动以及领养野生北极熊品牌公益事件完成了母婴行业商家品牌化首战。

单次、单向度的营销对品牌而言效果有限，通过以上案例我们可以看到，依靠"聚划算欢聚日"等营销平台将营销事件作为一件完整的产品进行循序渐进、多面包装的总体把控，才能获得更好的营销效果。

身处百花齐放的新消费时代，品牌想要解决生存危机，就要从生活中来、到生活中去，将自身产品与营销都放到消费者的生活场景、文化认同之中，这样才能凭借真诚立于不败之地。

学以致用

你对沉浸式消费的感受是什么？它与传统消费有什么区别？

如春在花

沉浸式消费最突出的特点是为消费者营造商品对应的购物氛围，让消费者能在购买商品前感受商品的用处和功效，这样会增强消费者的购买欲望。但同时，营造氛围是需要人员指引的，这就意味着需要更多的员工来完成这些全新的工作。那么员工的团队协作、互相帮助、共同奋进的意识就变得非常重要了。员工之间和谐共处，那么企业也会获得长足发展。

温故知新

一、单选题

1. O2O 平台的特点是（　　　）。

  A. 间接连接消费者   B. 直接连接消费者

  C. 间接连接中间商   D. 直接连接中间商

2. 电商平台的特点包括类型（　　　）、流量（　　　）。

  A. 多、小   B. 多、大   C. 单一、小   D. 单一、大

3. 在（　　　）技术的助力下，商家可以对消费者进行精准洞察，并开发相关商品，满足市场的需求，增强信息整合能力和资源协同能力。

  A. 区块链   B. AI   C. 云服务   D. 元宇宙

4. 下列选项中，数字化零售终端可以实现的是（　　　）。

  A. 可供消费者品尝商品的口味

  B. 可以让消费者体验商品的性能

  C. 可以测试消费者的皮肤情况并记录数据

  D. 可供消费者试穿服装

二、多选题

1. 数字化零售生态链包括（　　　）。

  A. 线下实体门店   B. 电商平台

  C. O2O平台   D. P2P平台

2. O2O 平台的代表有（　　　）。

  A. 美团   B. 饿了么   C. 京东   D. 大众点评

3. 区块链技术可以解决数字化零售时代（　　　）问题。

  A. 消费者信息不安全   B. 供应链环节不透明

  C. 物流信息难以跟踪   D. 消费者对商家缺乏信任

4. 在研究消费者标签和基于消费者指数建模时，企业要做到（　　　）。

  A. 可套用其他企业的标签类型

  B. 准确锁定有针对性的数据

  C. 购买消费者详细信息

  D. 有大量数据做支撑，从而做出判断

5. 品牌商开设快闪店的目的有（　　　）。

  A. 为新品及新门店造势   B. 提高品牌曝光度

  C. 打造体验式场景   D. 刺激消费者的购买欲望

三、判断题

1. 电商平台包括企业自建电商网站和第三方电商平台。（　　　）

2. 电商平台需要满足消费者的普遍需求。（　　）

3. 企业自主收集消费者相关数据的缺点是需要软件厂商的配合。（　　）

4. 在零售领域，AR 和 VR 技术与零售业的融合，将会使零售业产生颠覆性的变革。（　　）

项目实训

⤬ 实训背景

李艾所在的学校准备举办创新创业大赛，要求同学们提交营销方案。如果你是李艾，你会选取哪些营销模式呢？结合所学内容进行分析。

✕ 实训要求

以小组讨论、上网查找资料、请教相关工作人员的方式，了解数字化营销模式可以改善哪些传统营销难以解决的问题并举例说明改善方案，完成表2-2。

表 2-2　不同数字化营销模式可以改善的问题

数字化营销模式	可以改善的问题	改善方案

💬 实训评价

请教师和学生一起完成表 2-3。

表 2-3　评价表

评价项目		得分
教师评价	能够较完整地罗列出数字化营销模式（20分）	
	能够说出各数字化营销模式能够改善的问题及改善方案（20分）	
	能够有效借助现有的渠道条件完成实训任务（20分）	
学生互评	对小组成果的贡献度（40分）	
合计		

项目三

数字化零售数据分析

职场情境

　　李艾在学习上一个项目的时候了解到，万达酒店在数字化转型过程中耗费了很多人力、物力，心中不免产生疑问：企业花费这么多资源用于数字化转型值得吗？数字化零售数据分析真的有用吗？数字化零售数据分析应当如何开展呢？

知识目标

- 了解数字化如何赋能零售业。
- 知道数据分析模型的要素和用法。

能力目标

- 能够描述数字化赋能零售业的途径。
- 能够尝试使用数据分析模型进行分析。

素质目标

- 通过学习数字化零售运营，养成客观分析事物，从科学的角度探寻答案的习惯。
- 通过学习数据分析模型的用法，培养数字化零售分析能力。

任务一　认识零售数据

任务描述

2022 年的夏天，在年轻人的行列里流行一款"dundun 桶"，它是一种形似水桶的杯子，可以随身携带。李艾所在的班级里也掀起了一阵使用"dundun 桶"的热潮。李艾和好朋友们也打算购买"dundun 桶"，在讨论买哪款"dundun 桶"时，他们意外地发现了几件神奇的事情。例如，输入同一个名词，不同同学检索出来的商品是不一样的；在检索几次以后，购物平台首页推送的商品也不一样了。购物平台似乎有了灵魂，越来越懂他们的心了。

任务实施

品牌定位是对特定的品牌在文化取向及个性差异上的商业性决策，它是建立一个与目标市场有关的品牌形象的过程和结果。品牌定位是为某个特定品牌确定一个适当的市场位置，使其商品在消费者的心中占据一个特殊的位置，并使消费者形成潜在的消费意识，当产生相应的需求时，会第一时间从潜意识中调取品牌标签并进行自主消费。

（一）大数据驱动数字化零售

在数字化零售模式下，品牌的迭代速度快，每家企业都希望乘着数字化零售的发展趋势打造出富有特色的品牌。为此，企业首先要知己知彼，做好市场调研，再结合自身商品进行进一步分析，最后做出决策。

1. 大数据驱动市场调研

从发展战略出发，企业应先对品牌开展外部市场调研，包括了解品牌的定位是否与当下市场经济形式相符，品牌是否具有核心竞争力，是否有成为强势品牌的机会，未来两到三年内是否具备足够的发展潜力等。常用的市场调研方法有以下几种。

（1）频数分析。频数分析是分析比例，以掌握基本信息。无论在哪个领域，频数分析都是常用的方法。在市场调研中，频数分析也是最基础、使用最广泛的方法之一。它一般可用来统计分析样本的基本信息，统计比例，如消费者的基本信息、消费者对商品的基本态度、消费者是否愿意购买商品等。

（2）描述分析。描述分析是定量数据对比，适用于对比分析定量数据。例如，对比各维度均值，了解在哪些方面得分较高，在哪些方面得分较低，找出优势项或劣势项，从而制定出有针对性的改善方案。它可用于分析商品满意度、消费者需求等。

（3）IPA分析。IPA分析是满意度重要性分析，又称重要性表现程度分析。它通过绘制散点图，对比不同项目或维度的重要性和服务表现，从而直观地识别出优势项、劣势项，适用于服务质量分析、满意度分析、商品竞争力分析等。

（4）差异分析。差异分析是交叉分析，用于寻找差异。上面几种方法一般只是初步描述研究结果，要想更深入地探究分析项之间的差异，则要进行差异分析。例如，探究不同背景的消费者在"认知""态度""行为""原因"上的差异，是大学生还是上班族更加喜欢某商品，不同学历的消费者对于商品的需求有没有差异等。

随着互联网技术的不断发展，企业要想打造更具竞争力的品牌，必须从顶层战略出发，分析品牌在市场中的存活率和生存空间，以及品牌的中长期发展趋势。

2. 大数据驱动商品分析

企业从竞争力角度分析商品是否能够满足消费者需求后，应锁定目标消费群体，并进一步分析商品是否能够满足目标消费群体的需求和习惯，从而预判商品的潜力。商品要有卖点，让人看一眼就能产生深刻的印象，看过后就能记住，能够吸引消费者的关注。如果一件商品没有恰当合理的卖点，即使再好，也很难受到消费者的欢迎，缺乏竞争力的商品，必定不能获得长久的发展。常用的商品分析方法有以下几种。

（1）趋势分析。趋势分析一般用于核心指标的长期跟踪，如点击率、商品交易总额。运用趋势分析得到简单的数据趋势图后，还需要观察图上有哪些趋势的变化，有没有周期性，有没有拐点，并分析背后的原因。

（2）象限分析。一般注册用户都是由第三方渠道引入的，按照流量的质量和数量可以将渠道划分为 4 个象限，然后选取一个固定时间点，比较各个渠道的流量性价比，质量可以用留存的数量作为标准。对于高质量、高数量的渠道继续保持，对于高质量、低数量的渠道扩大引入数量，将低质量、低数量的渠道直接放弃，对于低质量、高数量的渠道尝试一下投放的策略和要求。象限分析可以让企业在对比分析的时候快速得到一个非常直观的结果。

（3）对比分析。对比分析有两种方式。一种是跟自己比，最常见的做法是通过跟目标值比，来回答有没有完成目标；或者通过跟上个月比，来回答环比增长了多少。另一种是跟竞争对手比，从而回答自己在市场中的份额和地位是怎样的。常见的对比应用有 A/B 测试，A/B 测试的关键就是保证两组中只有一个变量，其他条件保持一致。例如测试首页的改版效果，就需要保证来源渠道一样，消费者质量一样，上线时间保持相同，这样得到的数据才有意义。

（二）大数据驱动战略规划

品牌战略规划是品牌定位中的重要环节。企业如果想在瞬息万变的市场中脱颖而出，就要经过品牌战略规划。从品牌定位到商品规划，从培养核心竞争力到市场战略规划，从品牌商品线到终端渠道布局，应是一个完整的、可持续发展的、健康的生态链闭环系统，这样才有利于品牌以变应变，从而快速适应市场的发展，成长为强势品牌。以下以 Babycare 的品牌定位为例进行分析说明。

1. 市场分析

个人护理用品行业 2020—2021 年度销售额为 180 亿元左右，1—5 月（63.50 亿元）以及"6·18"期间（16.58 亿元）的销售额同比均呈现上涨趋势，其中 2022 年平销期 1—5 月销售额上涨主要是因为转化率在升高，"6·18"期间销售额增长主要是因为客单价上涨，消费者在大促期间有囤货的习惯。值得注意的是，无论是平销还是大促，行业访客数同比下跌。从细分品类行业月度销售额来看，纸品/湿巾行业大促期间爆发明显，平销月销售额基本在 13 亿元左右，大促期间可以达到 29.78 亿元，11 月销售额、访客数、客单价和支付转化率均达到峰值，是全年的销售重点。行业核心单品主打厚实、超韧、湿水不易破，消费者搜索偏好更多倾向于品类词（搜索人数占比为 73.41%）。纸品/湿巾行业"6·18"期间 TOP 品牌的官方自营旗舰店大多同时进入 TOP 店铺榜单，

8 成商品的名称包含"家用""实惠""整箱"等关键词。"6·18"期间纸品价格低廉，多买优惠的商家策略和消费者追求性价比的消费心理不谋而合，这刺激了消费者在大促期间囤货。

（1）竞争分析。近两年平销期和"6·18"期间销售额均在上涨，其中1—5月访客数同比呈下滑趋势，而"6·18"期间访客数同比增长，如图 3-1 所示。

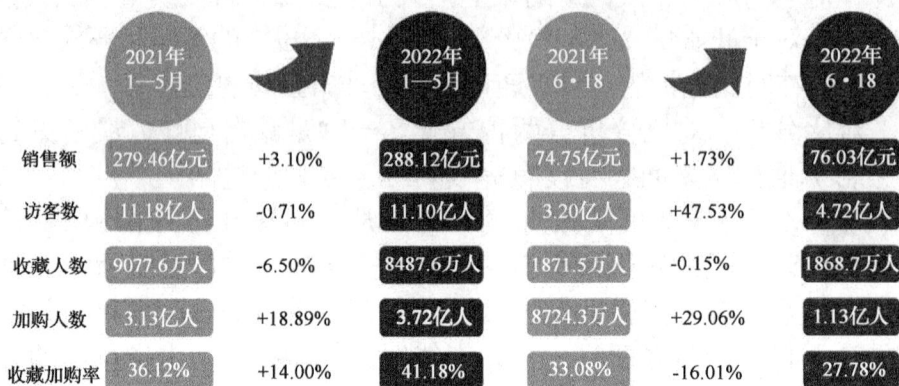

	2021年1—5月		2022年1—5月	2021年6·18		2022年6·18
销售额	279.46亿元	+3.10%	288.12亿元	74.75亿元	+1.73%	76.03亿元
访客数	11.18亿人	-0.71%	11.10亿人	3.20亿人	+47.53%	4.72亿人
收藏人数	9077.6万人	-6.50%	8487.6万人	1871.5万人	-0.15%	1868.7万人
加购人数	3.13亿人	+18.89%	3.72亿人	8724.3万人	+29.06%	1.13亿人
收藏加购率	36.12%	+14.00%	41.18%	33.08%	-16.01%	27.78%

图3-1 "6·18"期间访客数同比增长

行业卖家数在 2021 年下半年不断上涨，有交易的卖家数仅占 15% 左右，行业内部竞争非常激烈：排名前 10 的品牌在"6·18"期间销售占比 70.26%，其中包括维达、清风、洁柔、心相印、得宝、植护、全棉时代、可心柔，这说明纸品/湿巾行业头部垄断现象严重。其中 Babycare 和德佑在 2022 年"6·18"期间的销售额同比增幅达 200% 以上，可谓异军突起；在行业销量排名前 10 的单品中，维达有 5 款。

（2）消费者洞察。消费者洞察是基于性别客群占比进行的。其中，女性消费者客单价为 59.50 元，男性消费者客单价为 46.67 元，女性消费额为 15.28 亿元，男性消费额则不足女性的 1/3，纸品消费性别客群占比如图 3-2 所示。这说明在纸品/湿巾行业，女性群体仍是购买主力军，核心购买人群为 30 ～ 34 岁的女性企业职员，且地区集中在广东

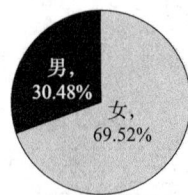

图3-2 性别客群占比

和江浙一带，购买力普遍较强，而在上海，消费者则更愿意为高价商品买单。

根据 2022 年 5 月 21 日至 6 月 19 日 30 天的热门搜索词，个人护理用品行业搜索词中品类词的占比较高，达 80.30%，而品牌词占比仅为 19.70%，其中"名创优品"排名最高，总体热搜排名为第 26，搜索量达 67.7 万。品牌词中多见纸巾和洗护清洁剂，排名较高的 3 个品牌分别为"全棉时代""维达""洁柔"，全部属于我国本土品牌。

2. 品牌自身分析

（1）品牌理念。Babycare 的品牌理念是"美育新生"，通过有设计感、有品质的商品，让孩子从小建立对美的理解和感知，帮助孩子认识美、发现美，提升美学素养。

（2）品牌特点。作为由设计师创立的母婴品牌，Babycare 网罗了来自美国、德国、日本等地的工业设计师、平面设计师及插画师，让艺术成为孩子可享受的事物，注重使用美学。Babycare 注重颜色搭配，配色要适合孩子的视觉发育，还要符合 Babycare 美学定律。

（3）销售规模。"6·18"期间，店铺在预售阶段找知名主播带货，5月31日（付尾款、发现货阶段）当天销售额实现破层，达 1.92 亿元，在 5月26日和 6月15日依靠直播间限定购物金拉高客单价，综合来看，店铺核心成交以第一波现货为主。Babycare 店铺购物金在"6·18"期间销售额最高，从销量排名前 10 的商品的评价语可见，用户更加关注商品的薄厚程度、吸水量、安全性、透气性。差评的出现是由于物流服务差、客服态度不好等问题。

3. 营销决策

（1）商品策略。Babycare 在 2022 年 5 月即大促前的蓄水月加大购物金的占比，在大促前进行锁客，其他月份通过婴童纸尿裤和湿巾维系忠诚老用户；店铺以 250 元以上价格带为主，5 月其交易占比会显著提高至 80% 以上。值得注意的是，2022 年 3 月 Babycare 开始推出孕产妇用品——待产包。店铺商品矩阵以高性价比纸尿裤引流拉新，打造多品类布局，以实现弯道超车。

（2）上新节奏。店铺在"6·18"期间的上新仍然以婴童用品为主，同时推出新款云柔巾和纸尿裤等单品，如图 3-3 所示。

图3-3　单品

（3）流量分布。Babycare 主要靠手淘搜索带动流量，直通车带动手淘搜索量；大促期间的成交依赖我的淘宝，主要是吸引老用户购买商品。"6·18"活动机制：直播间抽奖、福利享不停，折扣力度大（5折、买一赠一），活动玩法新颖（惊喜礼券、多件促销等）。Babycare 旗舰店明星单品、链接单品小熊巾大促期间实现销售额爆发性增长（是平销期间的 2～3 倍），相比 6 月来看，销售额实现几何倍数增长，大促期间爆款单品销售额和访客数大幅上涨，表明单品市场需求的上升带动了销售额的大幅增长。在评价中可以发现，用户更关注商品的柔软程度、质量、价格，差评主要是由于不够温润等问题。单品同样主要靠手淘搜索带动流量，我的淘宝带来复购；店铺纸品 / 湿巾类商品核心依靠现货实现首日爆发增长（预售高客单链接），核心引流是常规纸巾小包数链接，主利润款为多包湿巾链接（针对老用户）。

· 抖音。Babycare 多账号运营多种内容，突出品牌新潮感，品牌粉丝以24～40 岁，关注母婴、餐饮美食的女性为主。品牌直播以自播为主（3月开始逐步提高达人直播的比例），重点投放粉丝数在 10 万以下的达人，而粉丝数为 1 万～100 万的核心带货达人的带货效果较好。2022年 1—5 月，日度达人直播带货销售额最高达 157.9 万元，带货达人小陈夫妇母婴育儿直播间的主推单品是云柔巾，价格为 149.9 元，卖出了 5 829 件，销售额在 87 万元左右。抖音平台"爆款"短视频以二孩妈妈带宝宝踏青展开对小熊棉柔巾和湿巾的介绍，并进行"种草"，内容贴近日常，如图 3-4 所示。

图3-4　短视频营销

- 小红书。Babycare 在 2 月开始加大"种草"力度，3 月"种草"笔记达到峰值 1 542 篇，其中婴童洗护和婴童用品类型的图文笔记主要为"种草"形式，互动效果较好。品牌投放达人以素人、初级达人为主，腰部达人"种草"效果最佳，其核心粉丝以关注彩妆、护肤、穿搭的女性为主，女性粉丝占比为 90.12%。笔记以商品测评形式"种草"，重点突出使用场景、展示商品细节。

📝 学以致用

1. 品牌定位都要从哪几个方面思考？
2. 品牌定位分析的流程是什么？

📝 如春在花

随着移动互联网、云计算等技术的迅速发展，数据在生活中扮演越发重要的角色。大数据时代是网络时代的新发展，数据信息传播使人们的生活发生重大变革，使人们产生大数据思维。大数据思维是运用大数据带来新的认识世界的思维，在数据科学中，数据本身是客观的，但研究数据科学的人具有主观性，因此，通过数据展现出的力量就凸显出了正、负两种特征。学生要认识到，每一门学科的发展都反映着勇于追求真理的探索精神，每一个科学发现都反映着敢于质疑权威的创新精神，每一项技术发明都反映着推动社会发展进步的责任意识。为实现中华民族伟大复兴，学生要坚持把社会主义核心价值观与课程知识相统一，以历史、辩证、唯物的眼光看待科学的发展，接受新的事物。

任务二　数据分析模型及指标

任务描述

新学期，学生会主席换届选举。李艾想要竞选学生会主席一职，但又不确定自己是否能被选上。于是他找到班主任，希望班主任能帮他分析一下。没想到班主任拿起数字化零售运营的教材跟他说："你学习一下 SWOT 分析模型。学会了套用 SWOT 分析模型，你就知道如何成功竞选学生会主席了。"李艾很惊讶，是什么神奇的分析模型还能指导他参加竞选？带着疑惑，他开始学习 SWOT 分析模型。

任务实施

活动一　SWOT分析模型

20世纪80年代初，SWOT分析模型由美国旧金山大学的管理学教授韦里克提出，经常用于企业战略制定、竞争对手分析等场合。SWOT分析模型实际上是将对企业内外部条件进行综合和概括，进而分析企业的优劣势、企业面临的机会和威胁的一种方法。优劣势分析主要着眼于企业自身的实力及其与竞争对手的比较，而机会和威胁分析将注意力放在外部环境的变化及其对企业的可能的影响上。在分析时，应把所有的内部因素（即优劣势）集中在一起，然后用外部力量（即机会和威胁）来对这些因素进行评估。SWOT分析模型的4个因素分别为优势（Strengths）、劣势（Weaknesses）、机会（Opportunities）和威胁（Threats），如表3-1所示。

表3-1　SWOT分析模型的因素

因素	内容
优势（S）	企业自身拥有的各种优势
劣势（W）	企业自身拥有的各种劣势
机会（O）	企业外部环境中的各种利好政策
威胁（T）	企业外部环境中的各种不利政策

优势包括有利的竞争态势，充足的资金，良好的企业形象、技术力量、广告攻势、规模经济效应、产品质量，以及较大的市场份额、成本优势等。例如，拥有前沿的科学技术，以及我有他无、他有我精的技术；拥有高科技人才，拥有具备丰富实战经验的专家团队、更优质的渠道流量等。优势并不特指哪些方面，而在于我有他无、他有我优的筹码，从而使企业在任何具有对比性结果的情况下强于市场上其他竞争者。

劣势包括设备老化、管理混乱、缺少关键技术、研究开发落后、资金短缺、经营不善、产品积压、竞争力弱等。例如，产品没有其他企业完整或者贴合业务；产品的用户体验比不过其他企业；设备陈旧；不具备前沿的设施；企业人员专业能力弱于其他企业等。劣势并不特指哪些方面，而在于我无他有、他有而我无法与之对抗的筹码，从而使企业在任何具有对比性结果的情况下弱于市场上其他竞争者。

机会包括开发出新产品、新市场、新需求，以及外国市场壁垒解除、竞争对手失误等。例如，企业新产品要上市，社会性新闻正好利于新产品的未来发展，此时的社会性新闻于企业而言就属于一种外部机会。总体来说，利于企业改善某方面的经营状况，利于发展新业务，或者可以帮助企业创造效益的都属于机会。

威胁包括出现新的竞争对手、替代产品增多、市场紧缩、行业政策变化、经济衰退、用户偏好改变、突发事件等。例如，企业新产品要上市，而竞争对手研发的相似产品也上市，这对企业而言，新产品的竞争压力就会变大，市场占有率的不确定影响因素也会有所增加，此时企业就面临经营性的威胁。总体来说，不利于企业改善某方面的经营状况、发展新业务，或者不利于帮助企业创造效益的都属于威胁。

抛砖引玉

李宁的 SWOT 分析

1. 优势分析

（1）先天优势强。品牌创始人李宁被誉为"体坛神话"，先后夺取 14 项世界冠军，赢得 100 多枚金牌。所以"李宁"不仅是一个区别于其他品牌的代号，更代表着我国体育之光。

（2）优质原料。李宁将"该面料采用新疆优质长绒棉"的字样印制在吊牌上，表明支持国货的企业态度。

（3）引领时尚潮流。2018 年，纽约时装周上的中国李宁一鸣惊人，作为国内第一个登上国际时装周的运动品牌，从此李宁再度走入年轻人的视野，也掀起了国产品牌回归与转型升级的浪潮。

（4）科技含量高。2021 年李宁研发开支为 4.14 亿元，截至 2022 年 10 月共有 200 余项专利（其中包含实质审查的）。李宁"䨻"轻弹缓震科技鞋比传统的 EVA 鞋要轻 52%，在超临界珠粒发泡工艺的支持下，鞋子回弹性、耐久性更好。

（5）代言阵容强。李宁拥有知名度较高的代言团队。

2. 劣势分析

（1）质量问题频出。在抖音、快手和小红书等平台，有关李宁球鞋掉渣、新鞋鞋面凹陷、良品率不高，以及卫衣脱线、起球等方面的消息屡见不鲜。

（2）价格持续上涨。李宁"䨻"飞电系列产品的售价高达 2 099 元，价格已经齐平于国际运动品牌。

3. 机会分析

（1）政策优势。2017 年，国务院批准每年的 5 月 10 日为中国品牌日，这意味着发展国货已成为国家战略。这使李宁迎来了新的机遇。

（2）"国潮"趋势。近些年，文娱导向是弘扬传统文化，李宁一直致力于将中华传统文化元素融入产品，两者不谋而合，如图 3-5 所示。

图3-5 李宁产品融入中华传统文化元素

（3）健身意识。全民健身的意识越来越强，体育锻炼人数显著增长，体育用品的销量也呈现上涨的趋势。2022年上半年，我国体育用品类零售额同比增长10.1%，行业商务活动指数位于55.0%以上较高景气区间。

4. 威胁分析

对于李宁来说，安踏、特步等体育用品品牌均是同赛道竞争品牌。从上市公司年报公开数据可知，2021年李宁的销售收入为225.7亿元，而耐克在中国的销售收入为510.2亿元，阿迪达斯在中国的销售收入为343.4亿元，安踏的销售收入为493.3亿元，特步的销售收入为100.1亿元。李宁的销售收入不到同是国内品牌的安踏的一半。由此可见，李宁与排名靠前的体育用品品牌差距较大，如图3-6所示。

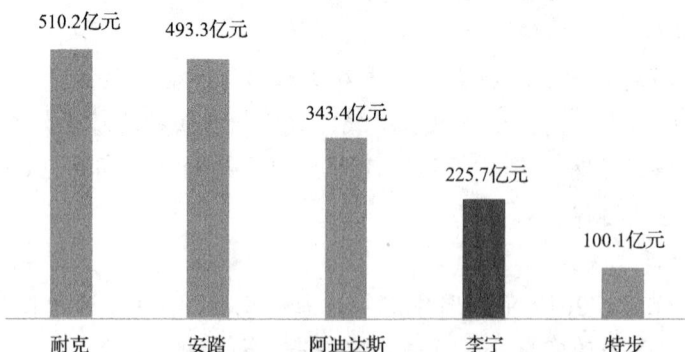

图3-6 2021年国内销量排名前5的体育用品品牌的销售收入

1. SWOT 分析模型的因素有哪些？

2. 你能尝试使用 SWOT 分析模型分析一下其他品牌吗？

3. 你觉得 SWOT 分析模型除了应用于零售业，还能应用在哪些方面？

活动二　RFM用户价值分析模型

（一）RFM用户价值分析模型的指标

RFM 用户价值分析模型是广泛应用于用户忠诚度研究的模型，最早是由休斯在 1994 年提出的，具有操作简单、易于理解、使用者无须了解专业知识等特点。此模型主要以用户的习惯性消费产生的交易记录和购买行为偏好为分析维度，结合数据库知识和数据挖掘方法预测用户今后的消费行为，是目前最常用的研究用户忠诚度的分析模型。RFM 用户价值分析模型的指标包括消费近度（Rencency）、消费频率（Frequency）、消费金额（Monetary），如表 3-2 所示。

表 3-2　RFM 用户价值分析模型的指标

R	消费近度	上次消费与现在的时间间隔
F	消费频率	用户在固定时间内的购买次数
M	消费金额	一段时间累计消费金额

1. 消费近度（R）

统计用户上次消费与现在的时间间隔的目的是通过时间长短来判断用户的价值。理论上，最近一次消费与现在的时间间隔越短，用户价值越高。消费近度的值小，除了代表忠诚用户定期购买外，也代表新用户购买和老用户回归的现象。这能说明这些用户对商品或品牌很认可，近期的营销活动的效果也较好。最近一次消费的功能不仅在于提供促销信息，还在于监督企业的健全度。若月报告显示与上一次消费的时间间隔很短的用户数量增加，则表示该企业稳健成长。此外，消费近度也是维系用户的一个重要指标。最近才光顾店铺的用户，对店铺的印象很深刻，是最有可能再次购买的用户。吸引一个几个月前才上门的用户，比吸引一个一年多前来过的用户要容易得多。所以，大多数企业非常看重消费近度值持续很小的用户，与其持续往来，并提高他们的忠诚度。

2. 消费频率（F）

计算消费频率的时间范围通常为一年。但是在实操中，受商品消耗周期、金额等因素的影响，某些商品即使是忠实用户也很难在一年内购买多次。所以，某些企业在运用 RFM 用户价值分析模型时，会把消费频率替换成累计购买次数。

消费频率越高越好，用户购买商品的次数越多代表用户对商品的认可度和需求度越高，用户对品牌的忠诚度也就越高。所以，消费频率较高的用户响应活动，进行购买的概率较高。

消费频率的统计有多个维度，如一个用户购买不同商品的频率、一个商品不同购买频次的用户数量。消费频率除了可以指导企业进行合理营销，还有引导用户消费的功能。现在很多电商平台将用户的购物喜好统计出来，并在商品浏览页提示该商品的购买频次。

3. 消费金额（M）

消费金额是 RFM 用户价值分析模型的指标中最难使用，但最具价值的指标。消费金额与消费频率同理，越高越好。在某种程度上，消费金额高的用户意味着其具有较强的购买力。从营销转化的路径来看，用户需要先有对品牌的认可度或商品需求，同时具有一定的购买能力，才会购买商品。所以，对于企业营销而言，消费金额是一项关键评估指标。著名的"帕累托法则"（又称"二八定律"）曾做出过这样的解释，企业 80% 的收入来自 20% 的用户，所以锁定高价值用户是提高销售收入的有效途径。

（二）RFM 用户价值分析模型的应用

基于用户成长体系，将用户进行分层及精细化运营，让更优质的服务匹配到那些高价值用户，是 RFM 用户价值分析模型的核心。那么具体怎么将其应用到会员等级体系中呢？下面进行说明。

1. 确定可以提供的用户权益或服务

一般来说，会员等级要体现差异化，最直接的方式就是将平台的增值权益或服务的级别进行由低到高的划分，按照低等级的权益要少于高等级的权益的原则进行分配。而用户权益或优质服务并不是一个平台一开始就有的，而是需要构思和设计，或从用户身上挖掘的；一个平台确定要提供的用户权益需要建立在能一一实现的基础上，不能实现的用户权益就只是噱头，意义不大。

例如，瑞幸咖啡的用户权益包括 App 专享礼、生日礼包、特价周边、专属客服、升级礼、升级小黑杯、优先制作等；这些用户权益是他们经过用户需求调研，并结合自身实际情况制定出来的，并且是能够很好地实现的。瑞幸咖啡从第一个等级开始，每升一级即可获得相应的升级礼，升级礼一般是优惠券。

瑞幸咖啡每个会员等级的用户权益类别大致相同，不同的是会员等级每升一级，用户能享受更优惠的价格或更优质的服务。这就很好地将会员等级做了区分，能让消费金额更高的用户享受更好的服务，做到了差异化运营，让对平台贡献不同价值的用户享受的权益和服务也不一样。

2. 划分用户级别，设计等级的达成标准

用户级别，也就是根据用户成长体系划分的梯度，例如要设计 3 个、4 个，还是更多个等级。用户级别的设计一方面需要考虑平台可以提供的用户权益项，如果用户权益项相对较多，那么用户级别可以设计得多一些；另一方面需要根据一定周期内的 RFM 数据进行评估，可以拉取用户近一年的消费金额区间数据，例如 500 元及以下、500（不含）～1 000 元、1 000（不含）～5 000 元、5 000（不含）～10 000 元、10 000 元以上等，或者根据其他类型区间的消费人数或消费次数决定要设计的等级个数。

确定等级个数后，接下来要给不同的等级匹配相应的成长值，即给用户级别设计标准。例如，瑞幸咖啡设计了 6 个会员等级，分别是小迷鹿、小蓝鹿、小银鹿、小金鹿、小钻鹿、黑金鹿，对应的成长值分别为 0、100、501、801、1 401、6 801，有了等级标准后，用户就可以清楚地知道达到什么等级需要多少成长值。

3. 等级的有效期设计

等级的有效期设计，一般按照 RFM 用户价值分析模型消费近度最高值的时间作为有效期的最长周期，因此在设置有效期和消费近度时两者需要相互联系，即在等级有效期内，最长的消费近度需等于等级的有效期时长。

4. RFM用户价值分析模型的应用

这一步主要是根据消费近度、消费频率、消费金额来设置对应的成长值，成长值要与等级成长值相匹配。消费近度不同的场景有不同的理解，例如根据会员等级的有效期内从第一天到最后一天的梯度来定义消费近度。成长值的等级区间如表 3-3 所示。

表 3-3　成长值的等级区间

等级	成长值
Lv1	0≤成长值≤699
Lv2	700≤成长值≤1 699
Lv3	1 700≤成长值≤2 999
Lv4	3 000≤成长值≤5 999
Lv5	6 000≤成长值

成长值计算逻辑验证，以会员等级有效期为 180 天为例。

用户 A 在会员等级有效期内的第 1～30 天消费了 1 次，购买了 600 元的

商品，在会员等级有效期内的 31～90 天消费了 2 次，购买了 2 000 元的商品；在会员等级有效期的第 91～180 天消费了 3 次，购买了 5 000 元的商品；用户 A 的成长值为 400+800+600=1 800 分，最终计算出用户 A 的会员等级为 Lv3。

🎁 学以致用

1. RFM 用户价值分析模型的指标有哪些？
2. 你能尝试使用 RFM 用户价值分析模型分析一下其他品牌吗？

👤 活动三　GROW消费价值增长分析模型

GROW 消费价值增长分析模型属于营销思维应用模型，适用于品牌零售企业的全域运营场景。它可以帮助企业找到当前最适合业务增长的发展方向，分析提升消费价值的有效途径，故属于企业战略方向的模型。GROW 消费价值增长分析模型有对品牌业务增长最具影响力的 4 个指标，分别是渗透力（Gain）、复购力（Retain）、价格力（Boost）、延展力（Widen），如表 3-4 所示。

表 3-4　GROW 消费价值增长分析模型的指标

G	渗透力	指消费者购买更多类型的产品对品牌总增长机会的贡献
R	复购力	指消费者更频繁地重复购买产品对品牌总增长机会的贡献
O	价格力	指消费者购买价格升级产品对品牌总增长机会的贡献
W	延展力	指品牌通过提供现有品类外其他关联类型产品对总增长机会的贡献

1. 渗透力

通过对消费者的消费行为分析发现，购买两个种类产品的消费者单次消费的概率会高于只购买一个种类产品的消费者。增强渗透力可以让消费者购买更多的品类，从而提高客单价，还可以提升消费者生命周期价值，这对品牌的消费年限较长、已经对品牌产生倦怠感的消费者最有效。如果消费者对品牌产生了倦怠感，那么他很容易寻找其他相关替代品以提高购物的新鲜度。此时向消费者推荐更昂贵的其他产品，可能会导致消费者的厌恶，而采用推荐同价位其他品类的策略，可以帮助消费者找回对该品牌的新鲜感，从而增强消费者黏性。

📒 抛砖引玉

渗透力应用案例：蕉下从双层小黑伞到防晒行业领头羊

防晒产品的消费受众多为女性，但蕉下其实是由两名男性创立的。2013 年，两名"80 后"男性马龙和林泽在杭州推出第一款防晒产品双层小黑伞，首次在伞布上使用可高效阻隔紫外线的 L 涂层、R 涂层、C 涂层，此后他们又推出口袋系列伞、胶囊系列伞，这些都成为蕉下的畅销产品。

此后，蕉下围绕"防晒"推出一系列产品，增强了品牌的渗透力，并辐射服装、帽子、墨镜、袖套及口罩；甚至还将产品延伸到更大的户外领域，并涉足鞋履市场。

值得注意的是，伞并非蕉下的唯一"爆款"品类，而其他系列产品也不只是"打酱油"一般的存在。蕉下拥有推出、规模化并维持畅销精选单品以及将产品组合扩展至涵盖不同城市户外场景的良好往绩。在往绩记录期间，有 22 款单品的年销售额超过 3 000 万元，其中包括 2017 年或之前推出的 3 款防晒精选单品（即双层小黑伞、口袋系列伞及胶囊系列伞），彰显了精选单品的持久畅销性。22 款单品中的其他 19 款于 2019—2021 年推出，其中 5 款于 2021 年推出，即昼望系列墨镜、随身系列扁伞、街旅系列厚底帆布鞋、畅型系列打底裤及丘郊系列轻型马丁靴，这展示出了蕉下不断推出防晒及非防晒场景下新产品的能力。

从品类来看，蕉下非防晒类产品的收入在 2019—2021 年分别为 0.03 亿元、0.76 亿元和 4.96 亿元，其中 2021 年同比增长超过 5 倍，3 年的收入贡献率则分别为 0.7%、9.6% 和 20.6%。

整体来看，蕉下的营收构成比 3 年前更加多元化。伞品类的收入持续增长的同时，占总收入的比重却从 2019 年的 87% 下降到 2021 年的 21%。同时，包括帽子、墨镜、袖套、口罩等在内的其他配件和鞋履等其他产品的营收占比却在不断升高，2021 年占总收入比重最高的是服装——达到 29.5%。

多元的产品矩阵让蕉下的营收迅速增长。2019 年、2020 年、2021 年，蕉下的总营收分别为 3.85 亿元、7.94 亿元和 24.07 亿元，2020 年和 2021 年的营收增长率分别为 106.4%、203.1%，如图 3-7 所示。

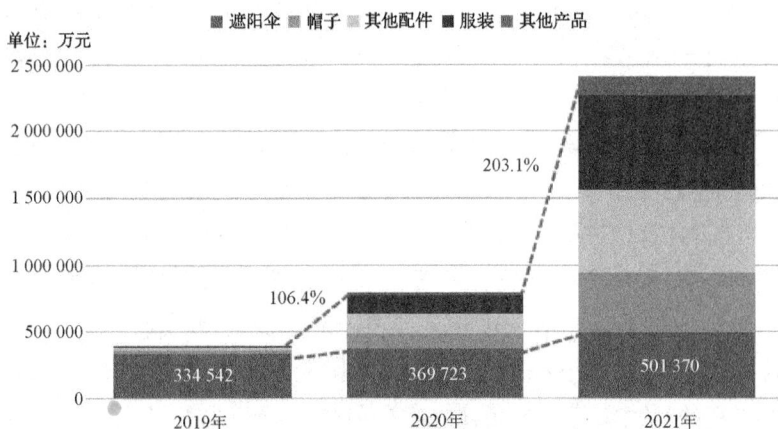

图 3-7 2019—2021 年蕉下营收构成

目前，蕉下在国内防晒产品市场领先。根据灼识咨询的统计，以2021年总零售额及线上零售额计，蕉下分别拥有5.0%及12.9%的市场份额，其中2021年蕉下防晒服饰的线上零售额是第二大品牌的5倍。

蕉下的销售渠道以自营为主，2019年、2020年、2021年自营渠道的收入占总营收的比重分别为82.4%、81.8%和83.6%，自营渠道主要包括线上商城、电商平台，以及线下零售店和拥有成熟零售网络的大客户。蕉下的线下零售门店数已从截至2019年12月31日覆盖15个城市的39家，增至截至2021年12月31日覆盖23个城市的66家。此外，蕉下也会通过各种分销网络提高市场渗透率。伴随着市场扩张，蕉下的用户黏性也在增强。蕉下的主要销售渠道之一天猫旗舰店的期内付费用户总数于2019—2021年内分别约为100万人、300万人和750万人，同期天猫旗舰店的复购率分别为18.2%、32.9%和46.5%。

2. 复购力

复购力是当消费者对品牌的体验度和满意度给予认可时，消费者会尝试再次购买该品牌的产品，从而提高消费频率。对品牌忠诚的消费者，会定期关注品牌动态，当价格向下调整时，他们会主动提高消费频率，并且可能产生囤货行为，从而提高客单价。消费者较强的复购力是企业经营收入持续增长的重要保证，这也是复购力能够助力企业提升消费价值的根本原因。

📖 抛砖引玉

复购力应用案例：喜茶"无心插柳"的小程序提高复购率

2021年5月，QuestMobile发布了《食品饮料行业新兴品牌数字化营销洞察报告》，其中有一项数据格外引人注意——在食品饮料行业的新兴品牌中，茶饮品类的私域用户规模最大，在各私域渠道内的去重活跃用户总数达到1 143.1万人，其中喜茶的数据又占据了半壁江山，活跃用户数达633.1万人，如图3-8所示。

截至2020年12月31日，"喜茶GO"微信小程序的会员数超过3 500万人，全年新增会员数超过1 300万人，线上下单率为81%，小程序用户的复购率达300%以上。

这个数据令很多品牌难以望其项背，喜茶优秀的经营数据的来源是App、微信小程序、微信公众号、微信个人号、社群等私域流量池。

在茶饮品类中，微信小程序是很多品牌最主要的私域用户池。2020年可谓是茶饮微信小程序的爆发之年，"喜茶GO"微信小程序上线"点餐、外卖、会员中心、优惠券、周边"等功能，以网罗线上客，沉淀线下客。喜茶对微信小程序的布局更加积极主动，具有前瞻性。

单位：万人

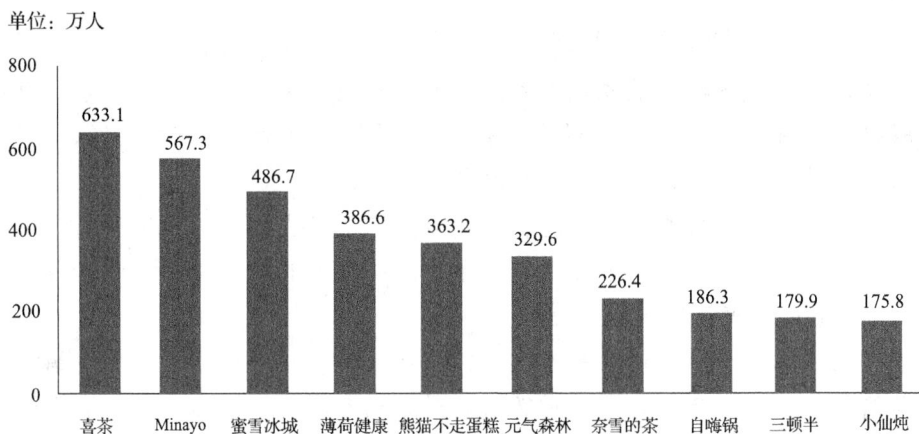

图3-8 食品饮料行业私域用户规模排名前10的新兴品牌

喜茶最大的痛点是用户排队时间过长。为解决"排队一小时，买喜茶一杯"，喜茶开发了"喜茶GO"微信小程序，实现了下单、预约和外卖一体化，用户还可以在线上积分、购买周边、开发票等。然而微信小程序解决的不仅仅是排队问题，还有私域流量问题。微信小程序为喜茶提供了具有参考价值的消费场景和行为数据，如精准的消费者画像、消费习惯、产品销量、地区分布和消费高峰时段等。这些用户沉淀下来的数字化资产，对于喜茶产品研发、营销推广和门店运营团队了解用户喜好、计算订单耗时和监测门店运营等方面，都具有重要意义。

仅2022年上半年，喜茶就研发并输出了20多款新品，其中很多灵感和创意来自用户的留言、点评。

喜茶团队对消费群体做了详细的消费者画像分析，摸清了其消费特征和心理，以及核心诉求。依托消费者画像，喜茶从产品页面的视觉设计、会员等级的设定、优惠力度等方面对会员体系进行了搭建，以吸引更多年轻忠实用户加入，提高用户活跃度，最后从多维度提升复购力。

3. 价格力

价格力是消费者的消费习性，它可以被改变，甚至被培养。让消费者购买昂贵产品，可以提高消费者的单次客单价，从而大幅提升整体消费者价值，企业的业务也可获得一定的增长。通过提高购买的客单价，消费者会从中价值、低价值消费者转化为高价值消费者，从而在会员权益方面获取更多的福利、更加优质的服务。企业和消费者在消费过程中在某种程度上可实现"共赢"。

抛砖引玉

价格力应用案例：某坚果品牌价格营销策略

某坚果品牌成立之初就立足互联网平台，并通过大数据、云计算等实现产品在互联网上的销售，实现了产品的高周转率。品牌依托准确的价格实施及促销策略，2021年全年净利润为4.11亿元，同比增长36.43%。

该品牌产品的价格要比线下同类产品低，在现实生活中质优价廉的产品更容易受到消费者的追捧。品牌采用产品发布时的一口价和折扣价，通过这种定价策略，刺激消费者对产品进行购买。

在促销策略方面，活动包含赠送促销、代金券、捆绑促销和抽奖促销。赠送促销是消费者在购买产品之后，赠送同类产品或者其他小礼品，抓住消费者的心理进行的促销活动，能够达到很好的效果；在品牌推出新产品时，消费者可以通过免费品尝、参与游戏赠送的方式了解新产品，品牌也能够得到更真实的反馈，进而根据消费者的需求提高产品质量。消费者可以通过扫码兑换、微信摇一摇等方式获得代金券等，代金券可以刺激他们对产品进行购买。捆绑促销是将某一产品与其他产品进行捆绑，再制定合适的价格，以吸引消费者进行购买。抽奖促销可利用特定时间，如各种节日、假期举行抽奖活动，设定较低的抽奖门槛，使消费拥有极强的参与感，从而提高产品的客单价，提升价格力。

4. 延展力

延展力是指企业拓展新业务的能力，如企业找到更细分的市场或者挖掘消费者更深层次的个性化需求。采取此种方式的企业最终实现的商业目标与提高渗透力同理，可以让消费者从品牌获得更多的新鲜感，进而增强消费者黏性。企业通过开拓新业务可以使消费者对企业的价值进行重新审视，利于消费者继续为企业做销售贡献；同时企业的市场价值也会被重新评估，进而增大获取潜在消费者的空间。

抛砖引玉

延展力应用案例：蒙牛错位发展绘新增长曲线

2022年上半年是对蒙牛充满考验的半年。蒙牛通过加码新零售和社区团购，进一步夯实了低温业务持续领先的市场地位。尼尔森数据显示，报告期内蒙牛低温业务连续18年保持市场份额第一。蒙牛收入为477.2亿元，同比增长4%，常温、鲜奶、冰品、奶酪等多个品类市场份额进一步增加。蒙牛实现了业绩逆势增长、全面跑赢行业，在全球乳业排名连升两位，品牌价值也持续增长，增速居国内行业前列。亮眼的数据背后，是蒙牛把握住了行业变化带来的新机会、新机遇，也持续给消费者带来了惊喜。

蒙牛顺应国内消费升级大趋势，开足马力全面推进"再创一个新蒙牛"战略，包括产品力、创新力、渠道的升级，以及数字化转型、奶源以及组织保障和投后管理上，短期的消费市场波动不会影响蒙牛对于未来的目标，蒙牛会坚定地沿着这个方向继续执行战略。

蒙牛保持着高速增长与逆境中的稳定，核心业务稳中有升，而且继续延伸乳品业务边界，在冰品增量业务上表现出高成长性。目前，我国冰激凌市场正处于价格和品质双增值阶段。中国绿色食品协会绿色农业与食物营养专业委员会等发布的《中国冰激凌/雪糕行业趋势报告》显示，我国冰激凌市场保持增长态势，2020年达到1 470亿元，2021年超过1 600亿元，市场规模稳居全球第一。于是蒙牛选择与茅台联名打造的跨界新品"茅台冰激凌"，不仅成为消费者追捧的热销产品，还成为朋友圈的热门话题。报告期内，蒙牛冰品收入同比增长29.9%，成功地增强了品牌的延展力。

假设企业年度销售额下降，而主要销售的产品正处于竞争激烈的赛道，产品销售受阻，可能是因为外部因素导致业绩增长乏力。此时，企业就可以借助GROW消费价值增长分析模型，从渗透力、复购力、价格力、延展力4个战略方面逐个分析目前所处的状态以及存在的问题，从而找到业绩提升的方向。

🎓 学以致用

1. GROW消费价值增长分析模型的指标都有哪些？
2. 你能尝试使用GROW消费价值增长分析模型分析一下其他品牌吗？

👤 活动四　FAST运营健康度指标

FAST运营健康度指标是指用户运营健康度指标结合其他分析指标衍生出的一个应用模型，能够为品牌更好地管理用户资产，为提高品牌运营效率提供帮助。通过与竞争对手或行业标杆的FAST运营健康度指标的对比，品牌可以在其品牌健康度的各维度寻找突破口，并配合阿里巴巴生态系统所提供的多种工具有针对性地进行提升，从而使用户资产向更加健康、可持续的方向发展。FAST运营健康度指标一共包含4个：人群总量（Fertility）、人群深度（Advancing）、超级用户数（Superiority）、超级用户活跃度（Thriving）。4个指标分别归属于两个指标类别：数量指标和质量指标。品牌在电商平台上的衡量指标不可局限于短期销售结果，还应该包含用户运营的效果。FAST运营健康度指标正是在这一背景下被提出来的。该指标在数量和质量两个维度上对一段时期内的品牌健康度进行衡量，如表3-5所示。

表 3-5　FAST 运营健康度指标

数量指标	F	企业可以变现的所有基础人群，即人群资产（AIPL）模型中的人群总量指数
	S	F中的人群包含潜在用户，所以S人群量=F人群量-未转化人群量
质量指标	A	用户完成全消费链路转化，所以转化率意味着企业最终的变现能力
	T	还在和企业发生互动关系的会员比例

1. 人群总量

人群总量是达到过 AIPL 状态的用户去重总量指数化后的结果。其中 AIPL 是指经历从认知（Aware）到兴趣（Interest），再到购买（Purchase），最后到忠诚（Loyalty）的用户数量。

（1）认知。认知是包含被品牌或产品在阿里巴巴生态系统内任何渠道的信息所触及的用户人数，如被阿里妈妈或优酷等广告曝光过，或到访天猫快闪店等。

（2）兴趣。兴趣是包含对品牌或产品表达过兴趣的用户人数，如发生过品牌倾向搜索、参与了淘宝头条互动或在菜鸟裹裹领取了试用装等。

（3）购买。购买是购买品牌产品的所有用户人数减去忠诚用户人数。

（4）忠诚。忠诚是对产品有过正向的评论或产生复购行为的用户人数。

2. 人群深度

人群深度是存在AIPL状态提升（包括从A提升到I、P、L，I提升到P、L，P提升到L）的用户去重总量在 AIPL 人群总量占比的指数。

3. 超级用户数

超级用户数是高净值、高价值及高传播力用户，即有意向与品牌产生互动的人群，如会员，去重总量指数化后的结果。此类人群是品牌可以低成本、高效触及或转化的人群，与是否已经产生购买行为无直接相关性。

4. 超级用户活跃度

超级用户活跃度是有过活跃行为（包括 180 天内有加购、收藏、领取权益或积分、互动等行为）的超级用户在超级用户人群总量中的占比。

FAST 运营健康度指标为品牌数字化转型提供有力抓手，帮助品牌从一个全新且更加全面的视角观察用户的组成结构和行为路径。该群体不仅涵盖了已经产生购买行为的用户，还包含了品牌所有的潜在消费人群。这对品牌未来的运营模式是颠覆性的。这意味着，品牌可以准确定位用户群体，并依照每一个用户的路径状态和消费习惯进行定制化管理，使得潜在用户群体得到最大限度的开发。

对于零售企业而言，FAST 运营健康度指标并不单单作用于线上人群，全域运营的理论基础与零售中的三要素（人、货、场）的关系息息相关。品牌需要考虑所有用户，需要考虑用户所有可能的消费场景，以及用户所有的个性化需求，所以 FAST 运营健康度指标在零售业中最适用的业务场景是品牌零售的全域运营。

如果企业要实现精细化运营，则可以运用 FAST 运营健康度指标对整体会员进行细分，按价值进行分层，高价值用户即企业头部优质用户，中价值用户即企业腰部用户，低价值用户即企业长尾用户。处于不同价值层的用户有着不同的转化能力和经济贡献能力，即营销活动转化率和客单价不一样，无论是转化率还是客单价，最终都会影响总体销售额。

综上所述，要将 FAST 运营健康度指标灵活应用于企业的营销决策中，数据分析是核心。从严格意义上说，它是一个数据运营模型，依赖于所有指标中的细节数据，企业如果每个指标增长 1%，则商业价值会大幅度上升。

抛砖引玉

爱他美在探索用户数字化运营新模式的进程中有不错的成效。纵观母婴行业现状，婴幼儿奶粉的需求量主要取决于婴儿出生的数量，也就是奶粉行业关注的新客数。

纽迪希亚（达能）作为阿里巴巴的 GSKA 全球战略合作伙伴，借助 FAST 运营健康度指标，和平台一起探索有效影响及转化品类新客的方式。2018 年 4 月的超级品牌日（3 月 25 日—4 月 25 日）就是一个完整的落地项目。纽迪希亚旗下品牌爱他美运用 FAST 运营健康度指标解决用户拉新问题的方案如下。

（1）人群总量：从品牌用户的认识到用户资产的提升。利用策略中心和数据银行，可以清晰地了解品牌的用户资产并获得每个阶段的消费者画像。根据每个阶段用户的细分需求，品牌可以有针对性地提供定制权益并通过阿里巴巴的各类媒体方式完成触达。在超级品牌日，用户资产累计达到 1 600 万人，较活动前增长了 470%。

（2）人群深度：通过阿里巴巴媒体矩阵更有效地与用户建立联系。在超级品牌日预热阶段（3 月 25 日—4 月 16 日），通过策略中心识别用户并利用优酷前贴片这类站外媒体可以提高用户认知水平。当用户被引导到阿里巴巴站内以后，品牌提供了千人千面的内容，以引起他们的兴趣。这些营销方式显著地提高了用户从认知到兴趣的流转率。最终所有用户数据都沉淀到品牌数据银行。在超级品牌日预售到正式阶段（4 月 17 日—4 月 25 日），品牌挑选了数据银行中兴趣高和在前贴片广告中兴趣高的两类用户，利用阿里巴巴站内广告二次触达，从而提高兴趣到购买的流转率。最终品牌的会员数增长了 0.51 倍，相比 2017 年"双 11"提高了 65%。同时，付费媒体投资回报率（Return On Investment，ROI）较往常提高了 172%。

（3）超级用户数：为用户提供更优质的产品体验。在超级品牌日期间，品牌邀请了百名店铺会员（粉丝）一起参加"探索大世界，绽放小宇宙"的品牌主题活动。

针对天猫超级会员，品牌提供了积分兑换亲子互动体验活动的重磅权益，并在活动现场提供了VIP专属座席。通过与品牌近距离接触的独特体验，粉丝更加热爱品牌并成为品牌的宣传大使。这场活动的直播浏览量突破了4 000万次。同时，品牌通过新零售联动11城孩子王、大润发门店，打造新零售版图，以扩大活动影响力。

（4）超级用户活跃度：鼓励用户成为品牌传播大使。品牌利用"1990"关键意见领袖（Key Opinion Leader，KOL）矩阵模式扩大影响力。"1990"分别代表着1场落地营销活动，9个KOL全程参与直播宣传，90个粉丝成为品牌大使并自发进行口碑传播。在超级品牌日期间，粉丝数净增10.6万人，对比1月增加了580%，相当于过去100天的粉丝增量。店铺会员数增加了2.9万人，对比1月增加了107%。超级品牌日促进旗舰店、天猫超市、新零售三轮联动，通过数据赋能和全域营销，产生了超过7亿次的品牌曝光数，累积了超过1 694万人次的品牌资产。

期待未来品牌利用阿里生态系统FAST运营健康度指标更好地发展，完成在用户数字化运营方面的创新探索。

学以致用

评判企业的运营健康度的指标有哪些？

如春在花

在大数据时代，对于普通客户来讲，他们对所谓隐私安全、信息安全的忧虑其实已经很难自行缓解了。在对客户数据分析运用的过程中，企业和分析者都应该明确数据属性和数据用途。企业对于不经常用但涉及客户隐私的信息要严格保密，如姓名、身份证号码、手机号、电子邮箱、工作单位、家庭住址、车牌号码等。这些信息对于企业研究客户的消费习惯、社交网络、市场偏好，以及产品研发、服务运营等来讲，意义并不直接，但对于客户来说，它们是最为重要的，需严格保密。企业获取并分析客户的消费习惯、交易行为、社会网络、产品偏好等数据，用以改善自己的运营服务、产品供给、定价策略，这也是企业市场竞争力的表现。然而生活在互联网时代的人们已经被各种营销短信困扰很长时间了。这种困局的出现，不管是企业自主还是被不法分子盗用，都是在滥用客户的隐私信息，是对客户人身、财产、安全的一种不道德的践踏行为。所以，作为数据分析人员，我们要自觉保护客户的隐私，在征得客户同意的情况下才能将客户感兴趣的活动资讯进行推送。

温故知新

一、单选题

1. 频数分析是（   ）。

    A. 交叉分析   B. 分析比例

    C. 定量数据对比   D. 满意度重要性分析

2. SWOT 分析模型中，4 个字母依次分别代表（   ）。

    A. 机会、威胁、优势、劣势   B. 劣势、优势、威胁、机会

    C. 优势、劣势、机会、威胁   D. 威胁、机会、劣势、优势

3. GROW 消费价值增长分析模型属于（   ）模型。

    A. 营销思维应用   B. 用户忠诚度研究

    C. 竞争对手分析   D. 战略制定

4. 著名的"帕累托法则"（又称"二八定律"）是指（   ）。

    A. 用户20%的消费涉及80%的商家

    B. 用户80%的消费涉及20%的商家

    C. 企业20%的收入来自80%的用户

    D. 企业80%的收入来自20%的用户

二、多选题

1. 常用的市场调研方法有（   ）。

    A. 频数分析   B. 描述分析   C. 优势分析   D. 差异分析

2. IPA 分析适用于（   ）。

    A. 服务质量分析   B. 满意度分析

    C. 商品质量分析   D. 商品竞争力分析

3. RFM 用户价值分析模型的指标有（   ）。

    A. 消费频率   B. 消费种类   C. 消费金额   D. 消费近度

4. FAST 运营健康度指标的类别包括（   ）。

    A. 销量指标   B. 数量指标   C. 质量指标   D. 评价指标

三、判断题

1. IPA 分析又叫重要性表现程度分析法。（   ）

2. 对比分析是跟自己比。（   ）

3. RFM 用户价值分析模型经常用于企业战略制定、竞争对手分析等场合。（   ）

4. AIPL 是指经历从认知到兴趣，再到购买，最后到忠诚的用户数量。（   ）

项目实训

实训背景

李艾所在学校的校企合作实训基地——线上线下店铺已经运营一段时间，近期校企合作实训基地决定对店铺进行内外部条件优势及劣势进行综合分析。同学们以小组为单位，使用 SWOT 分析模型对店铺进行分析。

实训要求

3～5 个同学为一组，使用 SWOT 分析模型对店铺进行分析并完成分析报告，填写表 3-6。

表 3-6　店铺 SWOT 分析模型

店铺 SWOT 分析模型	
优势（Strengths）	
劣势（Weaknesses）	
机会（Opportunities）	
威胁（Threats）	
SWOT 分析报告	

实训评价

请教师和学生一起完成表 3-7。

表 3-7　评价表

	评价项目	得分
教师评价	能够正确地理解数据分析模型的使用方法（20分）	
	能够恰当使用数据分析模型进行分析（20分）	
	能够根据数据分析结果完成分析报告（20分）	
学生互评	数据分析方案的支持度（40分）	
合计		

项目四

数字化零售运营实战之客户运营

职场情境

　　李艾准备去一家刚开业的超市，走到门口就发现大大的宣传展板，上面写着："会员折扣"。超市引导人员在旁边解释道："我们超市刚刚开业，请您加入会员，我们对会员有不定期的折扣活动。您也可以微信扫码入群，群里也会定期推送超市特价商品。"李艾觉得有意思，就加入了会员和微信群。进群后，他发现，群里每天都会有人主动打招呼，发送天气信息；也会有人发布超市新品和折扣消息。他感觉从群内能第一时间得知该超市活动，让自己节约了时间，同时也感受到了该超市贴心的关怀服务，不由得主动前往该超市购物。

　　通过亲身体验，李艾觉得该超市的这种尊重顾客、服务顾客的方式值得学习和借鉴，于是他开始翻阅资料查找相关知识。

学习目标

知识目标

- 了解社群、社群营销的含义。
- 知道社群的类型、社群营销的优势。
- 认识客户运营的4种方式。

能力目标

- 能够理解如何提供沉浸式体验、如何培养客户新的购物习惯、如何增强消费者黏性、如何利用会员权益维护客户运营。
- 能够理解如何利用数字化打通线上线下服务、如何利用数字化建立门店自提模式。

素质目标

- 通过任务实施与开展，提升职业素养，培养开拓创新精神，树立团队合作的意识。
- 通过了解数字化零售企业的客户运营方式，体会人的因素在企业运营中的重要性，意识到客户资源是企业最重要的资源。

任务一 社群运营

任务描述

李艾查阅客户运营资料时，发现了一个新名词"社群营销"，而且这个词出现的频率相当高。他不明白什么是社群，当然也就无法真正理解各个实例，他觉得这一定是个对企业运营非常重要的概念，于是决定把这一概念弄明白。

任务实施

活动一 形成社群思维

在数字化零售时代，企业的客户营销手段变得灵活多样，而社群能聚集大量具有相同类型特点的人群，这就使其成了客户营销最理想的媒介和平台。数字化零售企业同样可以利用社群这一方式开展客户营销。

（一）社群的概念

在当今这个移动互联网高速发展的时代，各种变化让我们目不暇接，每个人都是自媒体发起者，都拥有自己的圈子。如果将有着相同兴趣爱好、价值取向等社交属性的人聚集在一起，并让他们进行沟通、互动、交流，这样的群体就可以称为社群。

可见，社群营销算是目前一种最贴近客户的营销模式。社群营销将人放在第一位，企业所获得的客户都是精确的、忠实的。数字化零售企业如果能很出色地将一个兴趣圈打造成消费家园，就可以在实现盈利的同时，使自己的品牌知名度得到较大的提高。

社群在功能上突出群体交流。各个成员之间会有大致相同的目标，能通过持续的互动，形成较强的情感联系。它是一种突破时间、空间，更强调实时性、社交性的人际沟通的关系群体。

抛砖引玉

豆瓣是一个提供关于书籍、电影、音乐等作品信息的社群网站。平时我们在豆瓣查找电影时，每部电影的界面都会有一个明确的"豆瓣评分"，即豆瓣平台的影评结果。

豆瓣最初是由一批具有一定专业知识，并乐于分享自己观点的核心用户建立的，他们的评价为其他用户提供参考，引发叠加创作，使得内容越来越聚集，孕育了兴趣点，产生了社群价值。因此，社群就这样形成了。

豆瓣之所以能形成数量庞大的社群，最主要的一点就是为用户提供了可以将相同兴趣点进行分享的平台，而电影、书籍、音乐都是人们现今娱乐的主流。

社群是时代的产物，更确切地说是移动互联网时代的产物。随着移动互联网行业的快速发展，移动终端的特性体现得更为突出。各类交流、沟通类的应用在移动端的使用，使得社群的平台更为多样化，因此社群在移动互联网发达的同时变得更为便捷。

有研究数据表示，人们在寻找衣食住行等日常生活信息时，绝大多数时候是使用手机进行搜索的，如图4-1所示。

图4-1　2016—2020年我国手机搜索引擎用户规模

此外，由于移动端的便捷，人们更多选择用手机进行随时随地的网络购物，如图 4-2 所示。

图4-2 2016—2020年我国手机购物用户规模及使用率

由此可见，数字化零售企业应规划好移动互联网端口的工作，针对不同的智能终端开发出合适的界面，根据不同用户创建使用场景，举行各种促销活动，充分发挥社群在移动互联网中的作用，让用户更好地得到产品信息，从而促进消费行为的产生，获得更多的利润。

（二）社群类型

在移动互联网时代，利用碎片化时间进行在线沟通成为常态，社群在迅速流行起来的同时，形成了不同的定位和性质。

社群可分为产品型社群、兴趣型社群、品牌型社群、知识型社群、工具型社群 5 种，如图 4-3 所示。

1. 产品型社群

在商业社会里，产品始终是第一位的。产品的本质是连接的中介，过去承载的是具体功能，现在承载的是趣味与情感。优秀的产品能够直接带来可观的用户数量、粉丝群体，企业基于这个群体往往还可以开展更多业务，以增加利润。

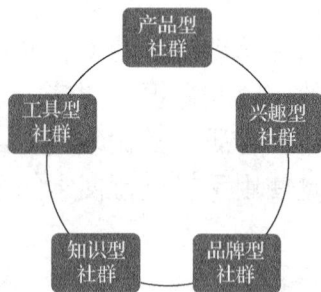

图4-3 5种社群类型

企业如果能够经营自身的产品型社群，做到营销与产品合二为一、粉丝与用户合二为一，就会打通更多的盈利渠道，收获更多利润。因此，企业要更多地接触用户、粉丝与市场。

好的产品能直接吸引粉丝，人们因产品而聚合在一起。目前成功的产品型社群有小米等，它们都依托产品形成了圈子，再从圈子延伸出更多的价值。这种颠覆传统渠道的方式能以低成本利用线上影响力，激发粉丝参与活动，带来销售的奇迹。

产品型社群会逐步发展为品牌型社群，用户对产品的热衷逐步转向对品牌的认同，基于品牌产生品牌文化，品牌型社群由此形成。品牌型社群更多建立在情感基础上，好比小米从手机出发，后来演变出"高性价比产品"的价值认同。"米粉"想买空气净化器时优先想到小米，想买扫地机器人时也会想到小米，这样小米就形成了品牌型社群，获得了品牌价值。图4-4所示为小米社区。

图4-4 小米社区

2. 兴趣型社群

兴趣类似的人总是喜欢类似的事物。兴趣型社群就是基于兴趣而创建的社群，由具有共同兴趣的人组成。参与者通过网络进行交流互动，一群兴趣相投的人组合到一起，实现了人与人之间的自由聚合。

由于不同人群兴趣不同，兴趣型社群种类繁多，各有各的优势。例如，各类运动群（跑步群/骑车群/游泳群/篮球群等）、车友群、花艺群、厨艺群、烘焙群、钓鱼群等。兴趣型社群门槛低，但是规模一般不大，不主动涉及或较少涉及商业行为。但是兴趣型社群具有巨大的商业价值，是很多不宜建立社群的企业可以尝试的侧面切入渠道。例如，目标用户是女性的企业就可以建立厨具兴趣群、美食烹饪技巧群、食品折扣群等周边高频兴趣社群，从而进行粉丝的裂变。同理，任何企业只需要分析自己的目标用户并进行消费者画像构建，就可以迅速建立属于自己的兴趣型社群。

其中比较成功的案例是美食类社群大众点评。大众点评中，最开始聚集的就是对不同地方美食感兴趣的人群，之后再慢慢聚集人气，社群人数逐渐增多。无论是哪种兴趣型社群，都蕴藏着巨大的商业价值，非常值得企业挖掘。图4-5所示为大众点评。

图4-5 大众点评

3. 品牌型社群

品牌型社群是一种新的品牌营销模式。品牌型社群是一个特殊的、不受地域限制的消费群体，它建立在使用某一品牌的用户所形成的一系列社会关系之上。

品牌型社群是围绕某一品牌的社会集合体，是人与人、人与品牌之间的一种联系。它是一种精神社群，成员通过品牌来寻求对自我的认同，通过社群来重新建构自我向往的生活方式，这就是品牌型社群的意义。它的提出为品牌研究开辟了一个新的方向。

品牌型社群是用户以品牌为联系纽带，围绕品牌自发形成的组织。品牌型社群有其独特的作用和价值，用户可以通过参与品牌社群来分享知识、情感和物质等方面的资源，甚至是通过多种方式来构建和表达自我的个性，如参与品牌社群活动、展示自己喜爱的品牌、发布与品牌相关的广告。

对企业而言，品牌型社群是发现用户需求、培育用户忠诚度的有效工具。强大的品牌型社群能够提高用户的忠诚度，降低营销成本，奠定品牌信誉度，并产出大量促进业务发展的创意。

品牌型社群兴起初期，以线下活动为主。例如，各大品牌车友会就是由一群喜爱同品牌精神而凝聚在一起的车友，通过各种竞赛、品牌故事会等活动，将大量的同品牌车友集在一起。

随着互联网的发展，线上品牌型社群也逐步兴起。成员在网络平台交流，通过品牌论坛、个人主页等交流彼此的品牌体验和对品牌的态度。

4. 知识型社群

从狭义上讲，知识型社群是指利用互动机制，如讨论区、留言板、聊天室、公布栏等共同创造知识、分享知识的企业团体。

知识型社群与兴趣型社群有重合的部分，但由于覆盖广、有壁垒、知识付费浪潮的兴起，被列为单独的社群类别。因为知识型社群可以不断产生话题和内容，知识型社群的裂变速度也非常快，并且知识付费和社群目前都是风口。

知识付费类社群的优势在于产品比较轻，变现的方式比较明晰，市面上的辅助工具也比较全面。当然它对社群创办人的要求也非常高，要求社群创办人能够持续生产出高质量内容，或者能连接提供高质量内容的人。

现阶段头部社群几乎都是知识型社群，樊登读书会、得到、知乎等都是以优质内容为引流或者变现手段形成自己的社群圈子的。

从广义上讲，知识型社群是指以学习知识为主要动机的社群，它提供高质量的文字、视频、分享会、课程等形式的知识内容。在知识呈爆炸式增长的时代，分享知识内容是很容易的事情。在知识型社群中，务必保证分享的知识内容具有高质量的特点，没有高质量的知识内容是无法增强社群成员黏性的。图4-6所示为得到App与知乎App。

图4-6　得到App与知乎App

5. 工具型社群

工具型社群，更具体地说应该是社群应用平台，如微博、微信、陌陌等，是方便人们进行交流的基础性工具。如今，社群已经渗透到人们的工作、学习、生活中，成为日常生活的一部分。在这一趋势下，社群成了加强实时沟通的一种灵活方便的工具。例如，越来越多的企业用微信群组织会议、协调项目和处理工作。一个工作或学习项目成立时，一个社群也随之组建好了，整个项目的信息都可以在社群中进行沟通。又如，朋友们在聚会散场的时候，会加入一个群来交流和互动。工具型社群具有应用性、灵活性、场景性等特点。

（三）社群思维

就社群本身而言，它是移动互联网时代人们的一种新的生存方式和生存载体，它构建了很多新的社交关系，社群思维就是基于这些关系而产生的。其实，社群思维也就是圈子思维，多人的思维模式结合在一起调动集体的智慧，形成更强大的力量。同时，社群思维也产生了新的客体关系，也就是用户思维。

传统营销的思维模式是不停挖掘新用户，对老用户的维护并不是非常重视，最终会导致老用户的流失。在这样的恶性循环下，企业很难与用户建立长久的联系。

如果企业能够充分利用社群思维，在已有的圈子里经常组织活动，让大家彼此形成一种关系，社群中人的关系就发生了变化，从基础的生理连接升级到了情感连接或是精神连接，这种具有高价值的社群是牢不可破的，也是企业成功的必然条件。因此，有了社群思维，企业才知道如何运用社群进行营销。社群思维对于现今的企业是必不可少的。

（四）社群营销的优势

社群营销有着比传统营销更多的优势。

1. 社群营销更自由

社群营销通过微信、QQ、微博、抖音、快手等平台进行产品宣传。企业在这些平台的展示主动权都掌握在自己手里，只要是通过合理的营销手段，就可以尽情地展示产品，粉丝便能快速获得产品信息。同时，社群营销相比过去的电视广告、网站宣传等而言，额外的费用非常低。

2. 社群营销的交流更有针对性

传统营销中，企业做促销或者推广以线下活动居多。这样的营销虽然有效果，但参与活动的不一定都是自己的客户。现在社群营销是直接在自己的社群平台发布相关的产品信息。社群中的用户基本都是自己的客户，他们参与其中就是为了得到最新的产品，即便优惠或奖励稍少，效果也会更加突出。这得益于社群已经将潜在客户提前聚集到一起。

3. 社群营销更值得信赖

传统营销中，客户可能从一个网站获取产品信息，或者听销售人员的一面之词，这些都不是很全面，客户难免会有顾虑。但在社群营销中，客户之间建立了交流关系，他们能从不同人的消费评价中得到一些准确信息，同时客户也可以发表自己的心得体会。社群营销能让客户更全面地了解产品，增强对企业和产品的信任感。

> **学以致用**
>
> 1. 你在生活中加入过社群吗？
> 2. 常见的社群类型有哪些？
> 3. 社群营销有哪些优势？

> **如春在花**
>
> 客户运营实际上就是人与人之间的沟通。社群就是企业与客户之间的沟通桥梁。作为桥梁的维护者，运营人员要保证桥梁的畅通，要设身处地地从客户方面考虑，想客户之所想，做客户之所需，找到企业和客户之间最好的衔接点。作为企业的员工，企业运营平稳、蒸蒸日上，个人也可以大展拳脚，实现职业理想和目标。

活动二　获得客户流量

从上面的介绍可以了解到，社群已经大量存在，它拉近了有着相同爱好和兴趣的人们的距离，已然成为人们生活的一部分。

对于零售商而言，钱多货多，不如客户量多。客户经营将成为零售企业面对未来竞争的核心竞争力。近几年传统行业生意不好做，这一点是不争的事实。传统实体门店需要借助新型的获客方式，实现引流、沉淀、变现。

一些互联网行业的从业人员或者即将迈入互联网行业的同学有时会有以下疑问：自己的社群为什么活跃度不高？为什么很快就成了死群？转化率为什么很低？很多人认为把微信好友拉一个微信群就形成了社群。其实不然，这只是一群人而已。

首先，分析建群。数字化零售模式的首要任务就是找到客户群体，根据客户群体的需求整合他们需要的产品，然后通过数字化实现随时随地交易。数字化零售实际上更强调客户思维：用价值吸引—激活老客户—与客户产生对话—

营造口碑带动客户参与—促使客户推荐和传播。社群运营就是客户运营这个大概念下的一个分支运营场景，只是具体到了在社群这个场景下跟客户打交道。其本质在于跟客户打交道，获取更多客户，然后通过话题、内容维护客户关系，使客户保持较高的活跃度，培养客户的忠诚度和信任度，进而使其产生付费行为，完成成交转化。其次，利用社群的模式解决流量的问题。最后，让客户传播，并带动更多人来买，获得更多客户流量，形成良性循环。

（一）社群的流量来源

当明确了社群的概念，下面要解决的就是找到要建的社群的价值。这些其实就是消费者画像——想服务谁？能给谁提供服务？客户进这个群能干什么？

了解客户是哪些人，有哪些特征后，我们希望客户能够付费购买我们的产品，但是怎么让客户更快付费，让更多客户付费呢？俗话说，"找对人，才能卖对货"。数字化零售企业可以根据销售的不同产品创建不同主题的群：某某社区直销群、每日优惠群、每日菜谱群、日用品分享群、会员群等。一般情况下，社群中可以分享某个产品的优劣；可以提供某种爱好的交流机会；可以聚集精英人群，共同做出影响力；可以让某个地区或者领域的人更好地交流；可以大家一起做一件与众不同的事情；可以认同某一类价值观，共同探讨等。

一般来说，社群的流量来源有 3 种，如图 4-7 所示。

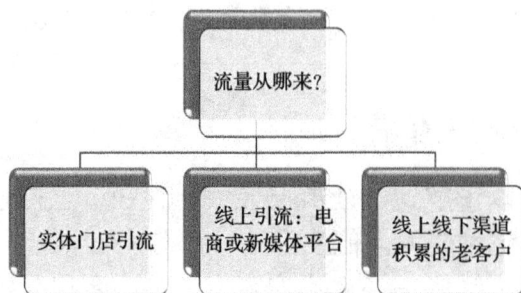

图4-7　社群的流量来源

1. 实体门店引流

实体门店目前为止还是很好的流量入口，客户进店后可以在导购的引导下扫码进群。但是我们要找准时机，一定要注意观察客户购买的产品类型，选择不同群进行推荐，随后要给足客户好处，留住流量。

例如，客户购买的是蔬菜、水果等家用食材，那么这个客户很有可能是住在附近的居民，需要购置每日必需的餐食材料，这是零售企业最需要维护的客户，是最容易产生复购行为的人群。此时我们就可以给客户推荐每日优惠群、每日菜谱群、会员群等。当然他们也会随之购买日用品或其他类型的产品，会保持长期的购买行为。

2. 线上引流：电商或新媒体平台

线上引流就是充分利用互联网的优势资源，在网络上大量地建立社群并宣传产品。下面我们以茵曼这个品牌为例仔细分析。茵曼是一个专注于女性服装零售的品牌，依赖社群创造出日狂揽 6.5 万名客户，完成日常 140% 销量的奇迹。

例如，茵曼的社群流量就是靠全网引流积累的，不仅有天猫、京东、唯品会等电商平台，还积极通过公众号推文、抖音短视频、淘宝直播、微博、小红书等方式产生优质内容，不断引流用户到店铺和微信号，私域流量池在这个运营过程中越来越大。

如果企业在电商或新媒体平台布局流量，最好再设置"加粉钩子"，就是添加从这些电商或新媒体平台吸引过来的潜在客户为微信好友，然后给不同人群贴上标签，进行社群的分类和管理。这样非常有利于后期对客户的回访与跟踪追销。

企业如果没有更多的流量布局，又或者在这方面的投入不够多，也可以用"冷启动聚粉"。先让朋友加入群中，然后是朋友的朋友，总之，让认识的人支撑起整个社群。有了基础的成员数量，再开始考虑如何设计活动和营销。这个时候，企业还是要有选择地到销售产品相关的渠道去寻找客户。

例如，小米最初做 MIUI 系统的时候，就是以通过论坛打造口碑为突破口，注册了上百个账户，每个账户天天在论坛发帖子；再精心挑选了 100 位超级用户参与反馈，写出评价，吸引人流，从而慢慢聚集人气，增加自己的社群容量。当然这个过程不能着急，需要一段时间。

3. 线上线下渠道积累的老客户

经历了前期的增加新粉，无论是线上线下都会有一些老客户。此时企业需要做的就是设计一些诱饵，让这些老客户加入社群。维护一个老客户相较于开发一个新客户要容易得多，成本也会更低。企业可以分群设置一些维护老客户的活动，针对不同社群的特点，拿出一款常用产品进行低价促销，如老客户可享受鸡蛋打 9 折。

（二）设立群规

有了流量，社群有了一定的基础，就要设立群规，包括入群规则和运营规则。

1. 入群规则

社群的加入，有门槛比无门槛要好很多。虽然初期的聚粉非常困难，但是筛选出一批精准、高质量的启动客户，才是社群能够继续发展的关键。因为这一批客户就是社群的内核，企业从这些客户出发，才能探寻出社群更多的可能。

2. 运营规则

有观点认为，社群是一个松散的组织，不存在礼仪基础，无法制度化，这肯定是错误的。其实这个问题只要考虑社群的规模和建立社群的产品逻辑，就能弄明白了。假定社群是一个学习群，如果没有规矩，教师根本无法完成在线授课。现在更多的社群存在的形式是微信群，这类群需要长期的维护，也需要进一步扩大，因此群规是必需的。设立群规的目的主要是在活跃和刷屏两者之间寻求平衡。活跃度太高会带来强烈的刷屏感，用户的体验感会变差。

新粉入群后运营者一定要告知此群的主要功能，能做什么，不能做什么。例如，禁止发广告，以免引起其他群员的反感，不能刷屏，不要有私自转让行为等。小号互动可以避免早期群内陌生的状态，活跃群内气氛。群内还要适时营造话题，带动群成员积极参与讨论。例如，运动商家可以在群内发布关于健康等话题，从而引起目标群体的关注与参与等。

（三）保证输出

社群早期的输出主要是靠运营者和核心用户，一般采用约稿、转载等方式。等到沉淀了一部分用户之后，社群就需要群体化运营，即让普通成员也能参与内容输出。

某地一家新开业的实体店，在装修的时候就在门口拉上写着"取名现金奖励，一经采纳，现金奖励一万元，求朋友们帮我给这个店取个好名字"的横幅，然后下面贴了一张店主的二维码。结果将近一周的时间，扫码进群的人数就达到了3万，有附近的商家，也有附近的小区居民，还有在旁边吃饭或路过的上班族。因为大家都有参与感，所以每次路过都会情不自禁往招牌上看一眼。于是该店在当地迅速传播开来。而店主也运用社群营销，通过朋友圈，告诉所有参与取名活动的用户，开业后到店消费通通享受8折优惠，以表示感谢。用户觉得自己付出了脑力，既有了参与感，又有实际奖励作为反馈，所以体验非常好。同时，店主也达到了引流的目的，这就是典型的普通成员参与其中的互动营销。

🎁 学以致用

1. 企业进行社群营销时可以从哪些方向寻找流量？

2. 社群初建成时怎样设立群规？群规一般包含哪些内容？

3. 平日维护社群时，如何保证内容输出？

活动三　消费群体个性需求

企业社群建立后，维护就是重中之重。做社群其实也就是维系用户，现在企业获得用户的成本越来越高，但是用户黏性越来越低，难度逐年变大。因此，有效果的社群运营便呼之欲出，成为企业获取优质用户、增强用户黏性的运营方式。

（一）明确目标用户，锁定消费群体

1. 明确目标用户

在做社群时，企业要把心思放在用户的身上，特别是目标非常明确的用户。

用户进入某个社群，肯定是希望获得一些他觉得有用的东西，可以是某个问题的答案或是关于问题的建议和想法等。如果他认为这个社群能够在他遇到问题时给他一些建议或解决方法，那么他以后在遇到相关问题时就会第一时间想到这个社群，想到社群里有一群可以交流的朋友。所以做社群的第一步就是和用户做朋友，把自己群里的用户当成自己的朋友。只有你把他们当成朋友，他们才会把你当作朋友，有什么问题才会向你提。做社群最怕的是社群不是用户想要的。

了解用户需求，最简单的方法是找核心用户或活跃用户聊天，了解他们的核心需求和痛点。

2. 明确运营主题和内容

运营社群时最主要的就是要有一个主题，对于主题的选择一定要深思熟虑，因为后续的社群运营是根据主题来开展的。主题最好能够做到差异化，或者说主题或多或少要和他人的不一样。毕竟现在互联网讲究要通过某个手段来解决用户的某个痛点，同时让用户愿意为你的这个解决方案掏钱。

3. 通过内容来表达主题思想

现在内容的展示平台有微信公众号、微博、百度贴吧、QQ群、微信群等。同时抖音、快手等短视频平台，喜马拉雅等音频平台也都是很好的内容展示平台。具体操作需要结合企业现阶段的实际情况，可选择一到多个展示平台，进行内容的沉淀。做内容最核心的一点是持续输出优质的主题内容。

每个社群都会存在一个生命周期。一个普通的社群，如果运营者疏于管理，2～4个月之后就会沦为广告群。所以，社群必须不断涌入新鲜血液，沉淀优质内容。二八定律提到"在任何一组东西中，最重要的只占一小部分，约20%，其余80%尽管是多数，却是次要的"。在社群运营中，20%的用户贡献80%的社群内容。所以，企业需将自己的精力主要放在维护20%的优质用户

上，让20%的优质用户带动整个社群，然后再根据金字塔模型将这20%的优质用户进行单独重点维护，按照用户的活跃度对社群的用户进行分层，给予活跃用户精神和物质等方面的激励，使这些用户和企业形成一个小的团体，再放权让他们去维护和管理社群的日常活动。

📖抛砖引玉

"罗辑思维"的微信营销

"罗辑思维"将自己的用户定位为"85后""爱读书的人"，社群的中心人物就是创始人罗振宇。罗振宇一直在进行自我营销，吸引爱读书的人进入他的社群。被这种理念吸引而来的用户通常会有共同的价值观和兴趣爱好——热爱读书、喜好知识型产品。

"罗辑思维"社群营销的关键就是培养用户的共同习惯，目的是使进入社群的用户感受到他所处的群体中都是与他性情类似的人。"罗辑思维"采取的方式是，每天早上固定时间发送语音，培养用户的阅读习惯。同时，罗振宇也在通过各种途径传播读书的价值观，巩固、强化用户的学习习惯。

此外，"罗辑思维"还经常组织线下互动。他们曾经举办过"爱与抱抱""霸王餐"等活动，深化用户之间的感情，使之联系更加紧密。

"罗辑思维"所塑造的价值观富有感召力，增强了社群内成员的黏性。同时，它又通过销售符合社群主题的产品，为企业创造巨大的经济回报。实际上，"罗辑思维"的社群经营是基于一种学习的成长型理念，很多企业都可以借鉴。企业开展社群营销，重要的是找到自己的理念，创建符合自身品牌的社群，再通过营销锁定自己消费群体，聚焦用户的消费观念和喜好，引导用户消费并使之成为自己的忠实用户。

（二）聚焦个性化需求

21世纪，人人各不相同，人人都有个性。每个年轻人都希望展示自我。对此，企业看到的应该是商机，用户不同的消费需求必定会催生相应的个性化、小众化服务。

根据目前互联网各种购物平台的数据，现在的用户正朝着追求小众化、多元化、高品质方向发展。其中，小众化更会掀起一股浪潮，改变以往的消费模式。针对这种现象，很多零售"大咖"们都进行了预测：小众化会是数字化零售发展的一个趋势。

那么，针对市场的这种变化，数字化零售企业应该如何面对小众化的趋势，展现自身销售产品的独特性，扩大销售市场呢？数字化社群营销就是一种很好的营销方式。因为社群聚集的是相同价值观和爱好的人群，这些就已经是"小众群体"，在社群中对成员进行有针对的营销，必定会提升销售业绩。

抛砖引玉

在大多数人的观念里，龟粮并不好卖，客源也不多。但是，某龟粮企业创始人就抓住了数字时代的红利，利用微信社群将自己的龟粮生意做得风生水起。

这个创始人介绍说，龟粮的销售群体只能是养龟的人，刚开始自己等着客户上门，生意很不好。后来，他改变了销售思路，把坐等改成了主动寻找。他开始寻找可能的销售对象——养龟人。

首先，他利用各种平台发出一些饲养乌龟的帖子和视频。一段时间后，他便聚集了一批养龟爱好者。然后，他开设了一个微信公众号，利用一段时间，将这些粉丝转化到微信公众号里。最后，通过他大力的宣传、推广，再加上粉丝的推荐，公众号的粉丝越来越多，没过多久便超过了 5 万人。这个数字对于一个小众群体来说已经非常可观了。他凭借这 5 万粉丝，成功地销售了大量龟粮产品，获得了丰厚的收益。

当然，这个创始人并没有停下脚步，在继续经营社群的同时，让社群自然裂变，扩大宣传面。此外，他还创设了 App，复制了开设微信公众号的过程，再次获得成功。

从这个实例我们不难看出，社群营销可以更好地聚焦小众需求，为企业创造更多的利润。数字化零售企业也应改变自身的营销思路，充分利用移动互联网这一数字化根基，采用"客户核心观"，实现用价值吸引—激活老客户—与客户产生对话—营造口碑带动客户参与—促使客户推荐和传播。

学以致用

1. 企业应如何锁定消费群体？能从哪些方面入手？
2. 现在人们的个性化需求非常丰富，你能举一些实例吗？

如春在花

社群运营时内容输出是关键，是引导消费群体做出选择的主要方式之一。社群输出的内容又会分为多种方向，但无论是哪种方向，都需要积极向上，从而引导用户积极适应社会环境。社群应始终保持和谐、互助、阳光向上的氛围，让用户在社群里有家的感觉、能学到知识、能获得优惠，也让企业获得更多的流量，保持优质的用户群体，从而形成良性循环。

活动四　深度经营粉丝

粉丝的经营是有学问的，社群中的粉丝经营同样如此。粉丝是感性的，他们在购买自己钟爱的产品时大多出于一种情感、情怀上的寄托。如果一家企业或者一个品牌能拥有一群属于自己的粉丝，那么它必然会取得巨大的成功。因此，数字化零售企业需要充分发挥自身的优势，利用社群的基础以情感留住用户，深度经营自己的粉丝。

当然，培养粉丝一定不能操之过急，这是一个长期的过程。数字化零售企业在有了前期社群基础之后，对于社群中的用户更需要用心经营，留住这些用户，减少流失，让用户不舍得退群，才能得到长期的粉丝。那么，企业该怎么留存粉丝呢？这主要是利用粉丝相关的爆点来实现。

（一）社交类型的爆点

社交类型的爆点指的是有社交属性的爆点。其实，企业销售的任何一种产品都是有社交属性的，这可能指的是这种产品的使用场合，也可能指的是这种产品的使用对象等。

零售企业可能更需要了解粉丝的生活习惯。利用这些生活习惯改造自己的产品，让自己的产品能适应粉丝的社交属性。简单地说，就是根据粉丝的需求优化自己的产品，让粉丝觉得这些产品像是为其量身定做的一样，从而产生对产品的信任感，进而留下来。

这点对于已经有了自己社群的企业而言并不难做到。因为社群已经建立，企业已经找到了社群中粉丝的共同喜好和习惯。所以，社群管理者只需要稍加留意，关注粉丝的动向和言语，从中分析出其生活习惯，然后反馈给企业，企业再根据反馈优化产品。

例如，最早的手机拍照追求的是清晰、高像素等。但是后来人们发现一些具有拍照修图功能的 App 下载量非常高，因为这种功能能让用户更好地展示自己。有些企业就将这种功能加入自身品牌的手机相机，让用户不用再单独下载 App，在用手机拍照时就能直接使用美颜功能。这种适应用户的行为为这些企业赢得了相当可观的销量和较好的口碑。这就是典型的根据粉丝关注的社交类型的爆点来经营粉丝。

（二）兴奋类型的爆点

兴奋类型的爆点，从字面很容易理解，就是让粉丝感到兴奋，能从中获得满足感的爆点。企业想要做到这点，就需要深度挖掘粉丝的心理特性和内心活动。企业可以在社群中利用主题讨论或者互相沟通等活动，了解粉丝的想法，探索什么样的产品能给粉丝带来惊喜，产品中的什么功能能使其愉悦并产生兴奋感。企业再根据了解到的内容改善产品，例如，改善产品包装、优化售前售后服务、提升购物体验等。企业要尽量透彻分析自己的产品，并深度了解自己的粉丝，最大限度地融合两者，以激发粉丝的兴奋点。

（三）分享类型的爆点

这类爆点是建立在前两者之上的。企业如果能赋予产品相应的社交类型的爆点和兴奋类型的爆点，那么粉丝会获得更好的购物体验，他们也就会自发地帮助企业传播，为企业赢得更多的用户。这就是分享类型的爆点。

企业如果能利用上面的方法，基于粉丝的想法改善产品或购物方式；维持企业与粉丝的联系，使之变得更加牢固；让粉丝认同企业的产品，成为企业的忠实用户，并宣传产品，最终就能赢得更多的利润。

学以致用

1. 想一想，深度经营粉丝能利用哪些方法？
2. 如果你是食品零售企业的员工，你觉得从哪些方面经营粉丝更为合适？

如春在花

深度经营粉丝的前提是对企业拥有的粉丝有全方位的了解，这就需要社群管理者随时关注用户的发言，深追缘由，得出结论，从而为企业的经营指明方向。因此，社群管理者需要细致观察，具备敏锐的洞察力，要能从多方面的信息中分析出相应的结论；要提升自己的职业能力，培养自身的工匠精神，在自己的岗位上尽最大的努力为用户服务，从而为企业赢得更多的机会。

任务二　客户运营

任务描述

在数字化零售时代，提升消费者的体验是零售企业制定一切运营策略的核心。企业要发展就要从消费者入手，站在消费者的立场想问题、看产品，要将自己变成消费者的代言人，从"产品思维"转向"用户思维"。

李艾在迪卡侬店铺购物时发现其营销策略与老式的购物商场完全不同。走进迪卡侬店铺，映入眼帘的是各种运动产品：球类、器械类、服装类、鞋包类等。消费者在挑选产品时能听到运动音乐、看到相关的运动视频，店内还有免费的产品实景体验区等。这一系列的营销手段让李艾完全沉浸在购物体验中，明显地增强了他的购买欲望。李艾觉得这是一种非常先进的营销思想，想好好研究一下这种方式。

任务实施

👤 活动一　提供沉浸式体验

沉浸式体验时代已经到来。沉浸式体验指的是在一个沉浸式商业空间中，通过调动人的感官体验和思维因素，强化情感和体验，最终引导消费的一种商业模式，可以理解为向消费者提供产品和服务之外的体验来满足他们的个性化需求。企业以服务为重心，以产品为素材，从生活与情景出发，塑造感官体验及思维认同，以此抓住消费者的注意力，改变其消费行为，并为产品找到新的生存价值与空间。沉浸式体验客户运营主要包括 3 个方面的内容，如图 4-8 所示。

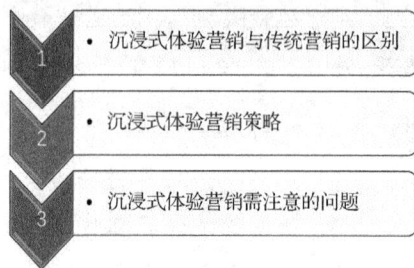

- 1 · 沉浸式体验营销与传统营销的区别
- 2 · 沉浸式体验营销策略
- 3 · 沉浸式体验营销需注意的问题

图4-8　沉浸式体验客户运营

（一）沉浸式体验营销与传统营销的区别

1. 理论认知不同

传统营销认为消费者是理性的，认为消费者更关注产品的功能和特性。

沉浸式体验营销则认为消费者是理性和感性的，更侧重于消费者的心理需求，通过个性化的服务满足消费者情感和精神上的需求。沉浸式体验营销能使消费者在购买之前，直接应用产品的特点，这样能招揽更多消费者主动参与营销活动。

2. 注重点不同

传统营销以产品为导向，更注重产品本身，希望通过优质的产品、独具特色的服务来吸引消费者，进而提高企业的竞争力，增加市场份额。

沉浸式体验营销则以消费者为导向，更加重视消费者的感受，希望让消费者得到满意的购物体验，进而相信产品、信赖企业。沉浸式体验营销除了满足消费者物质上的需要外，更倾向于使消费者在消费过程中得到心理和精神上的满足。

3. 销售过程不同

传统营销在销售过程中，通过广告、令人心动的价格等招揽消费者。在整个购买过程中，大部分情况是企业主导并控制营销行为，消费者更多时候是被动接受。

沉浸式体验营销在销售过程中，则是消费者进行主导，企业通过与消费者进行双向互动来进行情感刺激，注重与消费者之间的沟通，挖掘他们内心的渴望，站在消费者体验的角度，去审视自己的产品和服务，在良好的互动氛围中进行产品的营销。

4. 消费者认知不同

传统营销认为消费者能够自己根据产品的质量、价格、服务来识别市面上的各种产品并进行购买。

沉浸式体验营销认为，消费者在选择产品时，除了会被产品自身的属性影响外，也受购买过程中感受到的环境和情感刺激的影响，会关注购买前、购买中及购买后的体验。实际上，后者更能影响消费者的购买欲望。零售业更适合运用沉浸式体验营销提高企业利润。例如，星巴克、海底捞、宜家等都是通过为消费者提供良好的消费体验，不断传递品牌的优点的。

（二）沉浸式体验营销策略

1. 购买环境模式构造沉浸式体验

企业的最终目的是销售产品，获得利润，持续经营，那么消费者购买产品就是最基础的环节。只有购买环节成功，并长期维持，企业才能获得更好的发展。因此，购买环节是沉浸式体验最应该看重的。

下面以迪卡侬店铺为例进行分析，图4-9所示为迪卡侬店铺沉浸式体验样板。

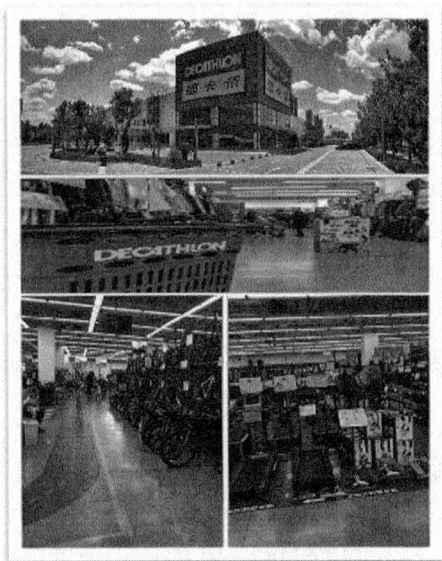

图4-9　迪卡侬店铺沉浸式体验样板

迪卡侬是来自法国的运动品牌，是米歇尔·雷勒克于 1976 年创立的，第一家店铺位于法国里尔附近的小村庄恩洛斯。如今，迪卡侬的店铺遍布全球，截至 2022 年 12 月，迪卡侬在 72 个国家和地区开设 1 751 家店铺，销售额超 154 亿欧元，迪卡侬在中国拥有 241 家店铺，遍布全国约 46 个城市。

迪卡侬将消费者的整个购买流程分解为看、摸、读、试、买，在进行消费者服务时会从这 5 个部分入手给消费者带来良好的体验。

① 看。迪卡侬在进行店铺内部设计时，会考虑到消费者从正门进来时的视线方向，会根据消费者的视线调整货架的陈列方式，努力给消费者一种干净、整洁、明亮的感觉，从而吸引消费者进店。此外，每个运动部门都有自己独特的运动挂画，消费者可以根据自身的需求找到相应的产品，地板上也有清晰的地贴，以指引消费者，给消费者良好的视觉体验。

② 摸。消费者在看到想要的产品后，可以直接触摸到实物，产品旁边也会有相应的模特，从而给消费者良好的触觉体验。

③ 读。消费者在找到所需产品后，除了触摸外，还可以阅读产品价格牌上的各种信息，包括价格、成分、用途等，还能够通过产品的分类挂画了解产品的使用方法。

④ 试。在完成了前面 3 个环节后，就到了试用环节，迪卡侬针对这个环节，采取的策略是在每个服装类和工具类的通道都配备了试衣镜，方便消费者随拿随试，并且设有试衣间，以满足消费者的试用需求；在试衣间外有专门的工作人员，能够解答消费者对试用产品的各类疑惑，给消费者良好的试用体验。

⑤ 买。"买"是最后一个环节。在这个环节中，为了给消费者营造更好的购物环境，迪卡侬在结账流程中引进了自助扫描系统，自助扫描系统通过无线射频技术进行自动扫描，去掉了传统结账过程中扫描条形码的过程，消费者只需将所选产品放入框内就能完成产品的录入。目前自助收银和人工收银都已应用了该系统，它让整个买单环节变得更为快速方便，大大缩减了消费者在买单过程中排队的时间，给消费者带来了良好的购物体验。

迪卡侬店铺通过这 5 个环节来进行整体布局，围绕这 5 个方面力求给消费者留下深刻的印象。为消费者提供一个良好的购物环境，不仅表现在选址与建筑规模上，更要营造一种轻松愉快的购物氛围，如店铺内播放轻缓的音乐，放置让人眼前一亮的小挂饰等，让消费者能够获得一次难忘的购物体验。

2. 购物氛围构造沉浸式体验

购物氛围的塑造对于企业也是极为重要的。消费者进入商场时，就可以体验到独特的购物氛围。商场会规律性地播报最近开展的各项活动，如折扣、特价、叫卖、亲子活动等，工作人员也会积极地为消费者提供购物篮、购物车等，给消费者营销良好的氛围，调动消费者的情绪。

工作人员也可通过介绍产品特征的方式吸引消费者，即"叫卖活动"。在自主购物的大环境下，偶尔的小摊贩卖式的叫卖活动能营造氛围感，这种方式更能吸引中老年消费者，根据消费者的从众心理，形成"围观"的效果，使消费者体验到传统的"赶集市""逛大街"的购物氛围。

以迪卡侬某店铺在元旦期间3小时的叫卖活动为例，叫卖活动总共展示了6款产品，每款产品的展示时间为30分钟，工作人员通过展示产品的功能和特点来传递产品信息。如跑步部门展示某款健步鞋，让消费者通过试穿的方式体验该鞋的舒适性和防滑性，向消费者展示该鞋的性能和特点，在30分钟内吸引了大量消费者关注，销售了19双，销售额比上一年同期增长了85.6%。

3. 利用产品价格构造沉浸式体验

企业在产品定价方面也可以给消费者营造购物氛围。在制定产品价格时，企业将产品分成不同级别，给不同层次的消费者提供相应层次的产品并制定对应的价格，做到价格亲民，这样可以满足各个层次的消费者的需求，激发其购物欲望，使其完成一次消费。

以迪卡侬为例，其店铺分为多个运动部门，每个部门根据消费者的运动水平、运动频率将产品分为初阶、进阶、高阶3个级别，根据这3个级别来进行产品定价，不同级别的产品体验构成了一个产品体验的核心梯队。

例如，迪卡侬跑鞋的品牌为KALENJI，它的3个级别划分如表4-1所示。

表4-1　迪卡侬KALENJI品牌级别划分

分级	试用人群	售价区间 / 元
初阶跑鞋	跑步频率较低，注重性价比的消费者	99.9
进阶跑鞋	一周运动两三次，注重运动体验的消费者	129.9～349.9
高阶跑鞋	专业的马拉松运动员或注重外观、舒适性、性能的消费者	399.9～699.9

消费者可以根据自身需求选择适合自己的跑鞋，可以在不同的价格区间挑选跑鞋，用性价比更高的产品体验到运动的乐趣。KALENJI与其他运动品牌进行对比时也有很大的价格优势，即使个别跑鞋的价格高于市场同类产品，但是因为能够获得独特的体验，消费者也愿意接受价格相对较高的产品，以体验产品的独特性能，市场需求量非常可观。

4. 产品和附加值构造沉浸式体验

产品的试用同样是企业构造沉浸式体验的重要环节。消费者在购物时，如果可以随时触摸看到的产品，可以对自己想要购买的产品进行实际把玩和体验，就会加深对产品的了解。这样也能向消费者提示此产品的使用场景，激发消费者的购买欲望。

另外，消费者也可以咨询相关的工作人员，了解各种产品的使用方法，正在进行体验的消费者的身边通常有具有专业知识的服务人员在进行指导。消费者也可以获取工作人员的联系方式，日后在使用方面存在某些疑问时，可以与工作人员交流，咨询更全面的产品使用方法。产品试用及附加价值体验的策略能极大地增强消费者黏性，消费者在体验中更容易触动内心情感，与企业产品或服务产生情感共鸣，企业可借此拉近与消费者的距离，获得竞争优势。

以迪卡侬为例，其店铺内设有许多免费试用区：健身区——提供可以免费使用的健身房器材，如单车机、跑步机、椭圆仪、划船机等，消费者无须去健身房就可以体验各种健身产品；球类区——在场地允许的情况下，提供免费的室外足球场、篮球场、羽毛球场、室内乒乓球桌等，消费者可以在此进行产品体验。

5. 利用会员机制构造沉浸式体验

利用会员机制也可以构造沉浸式体验。企业可以实行免费注册会员政策，让消费者可以在任意门店注册和使用会员卡，并享受多种福利。

- 会员在购物时可以获得相应金额的积分，相应的积分可以兑换商场内的产品或抵扣券，如1 000积分可以兑换一张10元无门槛优惠券。
- 会员可以参加门店的租赁活动，对某些可以外借的产品进行免费体验。
- 会员可以加入门店创立的俱乐部，参与企业各个俱乐部组织的活动，从而更好地体验产品的使用场景和使用技能。这种俱乐部加深了企业和消费者之间的联系，有利于企业更新和创造竞争优势，能让消费者对企业产生认同感和依赖感。
- 会员每周能参加亲子活动，难度较低的趣味小游戏能提高家长和小朋友之间的默契度和亲密度，且每个参加活动的家庭都能获得小礼品。
- 会员能够享受在全国任意门店无小票退换货服务。会员在购物时如果输入了会员卡号码，微信小程序上就会有相应的购物记录，当需要退换货且没有小票时，可以根据会员卡上的购物记录进行退换货。

如果企业能做到以上各方面的沉浸式购物氛围的营造工作，那么消费者一定会有更好的心理感受，企业的销售数据也会顺势提升。

（三）沉浸式体验营销需注意的问题

1. 试用品的规划

随着消费者对试用品进行多次试用或由于使用不当，试用品难免会出现磨损和毁坏。针对试用品使用寿命短、损坏和丢失频繁的问题，企业可将试用品集中保管，并告知消费者"如需试用请联系工作人员"，同时工作人员还可以向消费者讲解正确的试用方法。其余试用品可在各自的试用区设置专门的"体验用品栏"，试用品统一集中放置，方便消费者随拿随试，也可以大大降低试用品丢失和损坏的概率。

2. 试用安全性的保障

试用品会吸引很多消费者体验，当人流量比较大时，工作人员很难确保整个试用区的安全，尤其是一些小朋友，很容易发生安全事故。发生安全事故会降低消费者的好感，影响企业形象。为了尽量避免此类事情的发生，企业应制定严格的试用规则，尽量杜绝消费者用错误的使用方法或不文明的方式试用产品，以免发生各类安全事故。同时，试用区还需要安排专门的监督管理人员，以及时劝导和制止不遵守试用规则的消费者。

3. 工作人员合理配置

为了创造更好的试用氛围，需要更多的工作人员参与其中，如管理者、辅导者、监督者、理货者等。这就要求企业灵活运用内部的员工调配制度。例如，水上产品夏季为旺季，滑雪产品冬季为旺季，在滑雪产品部门的旺季，可通过内部调节，从处于淡季的水上产品部门等借人，以解决人手不足的问题。同时，可以区分工作的优先级，例如，在服务好消费者后优先理货，优化消费者的环境体验。

4. 保全试用品

免费试用能大大提升消费者的沉浸式体验，会给企业带来可观的收入，但同时也会为企业带来大量的产品损耗。有时会出现试用品损坏的情况，有时也会出现产品被偷现象。这就需要工作人员在消费者打算体验时主动引导其体验试用品，并为其介绍正确的使用方法。当发现可疑情况时，工作人员可通过主动上前提供帮助，以防止盗窃行为的出现，并通知其他人员和值班经理加强关注。此外，店铺还应当定期安排工作人员便衣巡场，观察是否有可疑人员，以降低偷盗率。

随着经济与科技的快速发展，沉浸式体验营销在零售行业的应用会愈加广泛。在体验经济时代，能否将消费者融入其中，充分发挥产品的延伸价值已成为企业能否吸引新客户、留住老客户的重要影响因素。

🎒 学以致用

1. 沉浸式体验营销与传统营销的区别有哪些？
2. 沉浸式体验营销有哪些策略？
3. 沉浸式体验营销需要注意哪些问题？

👤 活动二　培养新的购物习惯

在数字化零售时代，零售企业既要满足消费者的需求，又要对消费者的购物习惯进行适当的培养和引导。如果满足消费者需求能使得企业获得大量粉丝，提升品牌效应，为企业带来可观的利润，那么在潜移默化中培养消费者新的购物习惯，使消费者能主动适应企业的风格，则能帮助企业实现质的飞跃，牢牢占据市场份额，造就一个品牌。所以，企业要大胆创新，在满足消费者需求的情况下，赋予自己品牌鲜明的文化特质和人格魅力，以进一步感染消费者，将被动的满足变成双方互相引导。

2022年3月，电信行业组织全球移动通信系统协会发布的年度报告《2022中国移动经济发展》显示，目前我国有超过10.4亿人使用移动互联网服务，预计到2025年，这一数字将增加1.46亿，联网人口占总人口的比例将提高至80%。与此同时，我国再遥远的地方也有移动支付，从世界屋脊，到零下35摄氏度的漠河，再到海南水上渔村都用上了移动支付。我国移动支付普及率已达到86%，位居全球第一。

对于网上购物，大家已不陌生。如果线下的零售企业可以与线上的移动支付合作，一定可以给消费者带来全新的体验，也会为零售企业带来更多的收获。

第一，企业可以更方便地收集消费者数据，构建精准的消费者画像。依托于App线上支付，将线上和线下有机结合，综合所有方向的粉丝流量，非常有利于企业收集消费者的各种数据，能对后期的数据分析及消费者画像提供量化级的数据。

第二，自然而然地形成社群，进一步实现后期社群运营。这种方式可以促使消费者安装专有App，从而在不经意间建立社群，聚集流量，为后期社群营销，聚焦消费群体的个性化需求，增强消费者黏性奠定基础。

第三，企业在线上线下打通渠道，强强结合，实现共赢。与移动支付企业合作的运营方式打破了线上和线下的壁垒。同时，移动支付企业拥有极大的消费群体，有非常便捷的支付体系，但一直缺少变现的机会，缺少卖场的支撑，而零售商有精良的物流仓储链条，以及多年的购物卖场经验，正好双方之间又都贡献了自身最为优势的部分，达到了双促双赢的效果。

📋 抛砖引玉

七鲜超市：App或微信付款

七鲜超市是京东的线下生鲜超市。第一次去七鲜超市的人可能会觉得奇怪，里面没有人工收银柜台，只有自助收银柜台，并且可以通过自营App利用信用卡京东金融、微信支付进行线上支付。刚开始，消费者认为这种方式太小众了，一般人接受不了，去的人一定不会很多。可实际上，一段时间之后，七鲜超市并没有因为这种支付方式使消费者减少，反而因此项服务留住了一些消费者。其原因有以下几点。

（1）现在互联网产业中京东绝对占有一席之地，旗下拥有京东金融这个金融产品，又和微信合作，双方协同发展，京东产品都可以通过微信完成付款。现在很多人已经非常认同移动支付，出门只需带着手机就可以完成一切操作，因此，七鲜超市这种支付方式的大变革并不会把消费者挡在门外。

（2）七鲜超市是京东旗下融合线上线下的新概念生鲜超市，主打生鲜产品，可以现场烹饪，依托京东生鲜的优势，可以让消费者在短时间内享受到日本金枪鱼、澳大利亚谷饲牛排等食材。无论是海鲜还是牛排，都可选择在店内交给七鲜超市的大厨直接完成烹饪，相当于把餐厅搬进了七鲜超市。

与大部分超市相同，七鲜超市将产品分为各个类别，如水果、蔬菜、烘焙食品、海鲜、包装食品等。七鲜超市值得一提的是那些镜面屏幕。当你拿起一个水果放到指定区域，就可以在头顶的屏幕上看到这个水果的信息，包括产品特色、产地、甜度、食用方法等。

七鲜超市在支付方式上的大胆创新，不仅没有阻碍消费者购物，反而巩固了消费者使用移动支付的习惯。

七鲜超市采用这种支付方式，虽然遭到过质疑，但随着移动支付的进一步发展，更多消费者逐渐习惯使用手机支付。这种支付方式不仅可以为企业解决只能获得断点式客源数据的问题，以免出现信息断层，也能有效地培养消费者线上支付的购物习惯。现在几乎所有的零售门店都可以找到自助收银的位置，很多消费者也意识到了这种方式的快捷和便利。

学以致用

你在生活中遇到过新的购物体验吗？尝试举例说明。

活动三 增强消费者黏性

在零售界争议的焦点之一就是"有人"还是"无人"。"有人"时，企业要突出服务性，要能与消费者进行更加深入的沟通；"无人"时，企业要突出便捷性，要使消费者更快地拿到产品。其实，无论是哪种状态，关键是要看企业的性质和市场需求。因此，企业必须根据自己的优势做出决定，只有发挥了自身优势，才能带给消费者舒适的体验。

此处主要讨论的是数字化零售市场，上述两种状态都要考虑。企业要充分利用已有的各种社群拉近与消费者的距离，给消费者送去最贴心的服务，增强消费者黏性。

（一）保持有温度的连接，服务消费者

如今，很多零售企业选择利用社群进行品牌营销，此时营销效果的好坏就取决于其对社群经营和维护得如何，企业与消费者保持有温度的连接就成了关键。

消费者加入一个社群必然是有自己的想法和诉求的。消费者如果在社群中看到的全都是千篇一律的广告，完全感受不到企业的热情和诚意，就不会有任何兴趣留下来。因此，企业要想经营好社群，维护好粉丝，就要用优质的内容进行营销，让粉丝感受到温暖，体会到企业的情感。

1. 做优质的、消费者想要的内容

以目前的移动互联网的发达程度，企业建立一个社群并不难，关键是如何在社群中进行优质内容的输出，以留住消费者。内容如何规划，具体写哪些内容，如何写才更具有影响力，这些都是企业必须考虑清楚的。因为优质的内容是营销的根本，企业需要用心、花时间来制作有价值的内容。这一点理解起来很简单，就像一个网站，如果拥有优质的内容，那么用户迟早有一天会来到这里，并最终留下来。反之，如果网站上的内容很糟糕，甚至是简单拼凑而成的，用户就会流失。

现在的数字化营销渠道有着自身的社会属性，颠覆了传统营销者的经济规则。因此，数字化营销更倾向于将营销预算的50%用于创建内容，吸引新粉、留住老粉，而30%用于付费媒体。优质的营销内容主要有以下几个特点。

（1）内容清晰，引人注目。在互联网时代，各种信息满天飞，只有简单直接的讲解，消费者才能够理解并产生共鸣。

（2）高质量。制作精良且有一定趣味性、言之有物的内容才是消费者想看的。

（3）有真情实感。向消费者传播的信息一定是用心写的，要让消费者能感受到内容制作者的诚意。

（4）内容呈现多样化。传播的内容如果是通篇文字，则消费者势必不会感兴趣，而如果用漫画、音频、视频、图片、文字等方式呈现，则更能吸引人。

企业在内容营销上的投入不仅涉及发布的费用，还包括内容的收集、整理和投入。在开展内容营销规划之前，企业需要问自己："我有什么现成的内容？我拥有的内容资源有哪些？"传统的内容来源有宣传手册、印刷资料、网

络简报、新闻消息、消费者反馈等。其中一些特别的内容，都是企业前期拥有的。企业需要对这些内容进行归类，例如，哪些需要完善，哪些可以直接使用。对于不同的行业及产品，消费者对信息的需求也不同。只有熟悉消费者的购买行为，才可以写出具有影响力的内容。

2. 做有故事的内容

要在网络社群中获得影响力与社会资本，不是随随便便就可以做到的，通过故事进行营销就是个不错的选择。因为故事可以在社群中迅速传播，容易引起消费者的共鸣，获得认同感，从而达到构建社会资本的目的。一个会讲故事的企业更容易获得真实的网络社会资本。那么，企业如何更好地进行故事营销呢？具体如下。

（1）设定明确的商业目标，确定内容营销所支持的产品，策划出内容营销大纲。

（2）充分了解消费者的信息需求、类型、特点、接受方式等。

（3）充分了解对手，找到自己与对手之间的差异，并利用这一点确定自己的营销路径内容。

（4）设定故事梗概，确定关键词，描述故事，故事应有趣并与品牌有较强的关联。

（5）安排好人员，进行内容传播，选择多媒体平台，进行有节奏的预热、"引爆"。

（6）衡量投资回报率，不仅要注意数字效果，还要注重由此带来的品牌价值。

（7）将日常的点滴整理成故事充实自己的内容库，从而给消费者不一样的期待。

尽管没有任何一个方法、任何一条道路注定会成功，但以故事为核心的营销模式是企业值得选择的营销方向。

3. 做有情感的内容

在所有的营销模式中，情感营销一直很有效。所谓情感营销，就是把消费者个人的情感差异和需求作为企业品牌营销战略的核心，通过与消费者的心理沟通和情感交流，借助情感设计、情感广告、情感促销等手段，激发消费者潜在的购买欲望，赢得消费者的信赖和偏爱，进而扩大市场份额，实现企业的经营目标，取得竞争优势。真正的情感输出是一种人文关怀、一种心灵上的感动。

内容营销同样需要借用情感的优势。因为社群一旦充满了情感，就能将消费者的思维提升到追求情感和人生价值的层次上，这样就能提高消费者对品牌的忠诚度。可以说，情感输出是最能让企业或产品获得成功的方式。那么，如何在内容营销中融入情感呢？企业可以制作情感广告，在广告中以情定位、以情动人，把情感和内容联系在一起，从而引起消费者的共鸣，使其自然而然地接受产品。

例如，佳洁士牙膏广告的大意是妈妈牙疼，女儿看在眼里急在心里，砸碎心爱的存钱罐，给妈妈买了支佳洁士牙膏。这则广告正是采用了情感诉求方式，既注重广告的文化导向，提升了广告的文化品位，使消费者产生情感上的共鸣，同时又使纯真、可爱的小女孩与佳洁士品牌形象一同在消费者的脑海里打上深深的烙印。

（二）保持有文化的连接，服务消费者

1. 文化是企业的灵魂

人类的发展离不开文化，同样，社群中的内容输出也离不开文化。企业的产品是会过时的，唯有企业文化能够长盛不衰。所以说，任何企业想要持续存在，必须形成一套有鲜明特征、打上自己烙印的文化体系。文化具有对内凝聚人心、对外彰显品牌的功能。

例如，三个爸爸的品牌创始人戴赛鹰在内部分享时坦言，三个爸爸一路走来并不像大家想象的那样顺风顺水，也走过一些弯路。戴赛鹰总结自己有过 3 个失误，他说："第一个失误是一开始不注重内容建设。虽然品牌里有很多情怀，但并没有针对亚文化群体生产有价值的内容。第二个失误是没有在知名的硬件产品里找到跟消费者深度互动的方法。没有这个方法，很多消费者买了产品就是买了，没有跟我们深度互动的理由。第三个失误是，虽然我一直在寻找做社群的方法，虽尝试过几次但不太成功。因为我们并没有提炼出亚文化的体系和特征，做出亚文化价值标签。当然，这是因为我们探索的深度还不够。"

由此可见，文化对企业非常重要，它可以产生比发起人更高的群体智慧。

除此之外，社群还需要有利他文化。对文化的认同是一切关系的开始，创造共同的语言与价值后，追随则是必然的行为。企业在运营社群时能源源不断地带给粉丝温度感、存在感、优越感，粉丝才会留下来，并主动传播企业文化，成为企业的代言人。

2. 价值观是企业文化的体现

价值观是企业文化的体现，拥有共同的价值观是凝聚企业成员最根本的保障，也是吸引消费者的奠基石。所以，企业在寻找流量、留存粉丝时，首要的一点就是要树立正向价值观。有了明确的价值观，企业建立的社群才有存在的

价值。

价值观是一种很抽象的东西，又是企业不可或缺的文化。在消费者运营中，企业需要通过不同的形式把这种价值观体现出来，不管是通过语言口号，还是通过各种活动。因为如果一家企业价值观正向且鲜明，它的成员的认同感会得到很大的提升。

👤 活动四　完善会员权益

会员是企业的重要客户资源和消费群体，是企业的忠实粉丝。吸引、经营和维护会员是企业在营销时最为重要的问题。

网店的流量更多、更广，可以轻松吸引到大量消费者成为会员，数量可达到几百万甚至上千万，这是线下门店望尘莫及的。但是，网店会员的缺点也很明显，如流动性大、难以管理、忠诚度不高等。相反，线下门店可以面对面地为会员提供服务，使会员获得优质的购物体验，因此，它的会员数虽不多，但相对忠诚。

在数字化零售时代，零售企业需要打通线上线下的会员体系，使两者相互融合，实现优势互补，在增加会员数的同时，对会员进行管理和引导，提高其忠诚度。

（一）会员资格互认

零售企业要实现线上线下会员融通，首先要做的是实现线上线下的会员资格互认，从而使消费者无论在线上还是线下办理的会员，都可以在企业的网店和线下门店享受无差别的服务。例如，消费者可以在线下购物时使用他在线上所积攒的会员积分福利和会员优惠折扣等。

企业将线上和线下的会员资格互认后，势必会提高产品销量，赢得广大消费者的青睐。各大零售企业应对此重视。

（二）会员权益通用

俗话说："好钢要用在刀刃上。"零售企业做营销要做到消费者心里，让消费者切实获得实惠，感受到企业的诚意。会员权益通用便是一项能很好地吸引消费者的举措，它可以使消费者在线上和线下享受相同的权益，为消费者购物带来更多的便利，提升其购物体验。

抛砖引玉

屈臣氏会员运营模式探究

屈臣氏是长江和记有限公司旗下的国际零售及食品制造机构，图4-10所示为屈臣氏Logo。

图4-10　屈臣氏Logo

屈臣氏的业务遍布24个国家和地区，共经营超过16 000家店铺，聘用超过117 000名员工。其涉及的产品包括保健产品、美容产品、香水、日用品、食品、饮品、电子产品、洋酒等。屈臣氏在中国拥有近4 000家店铺和逾6 000万名会员。它有着独特的会员运营模式，如图4-11所示。

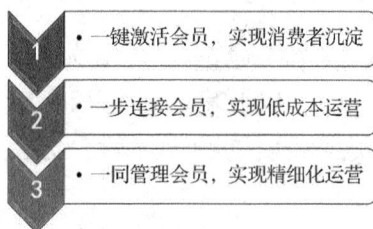

图4-11　屈臣氏会员运营模式

1. 一键激活会员，实现消费者沉淀

屈臣氏通过与微信合作，为消费者办理会员卡提供了便利。过去，消费者办理会员卡需要填写个人信息，如姓名、生日、年龄、手机号码等。很多人会因其录入信息过多、手续烦琐而放弃办卡。

由于屈臣氏与微信卡包实现了对接，消费者利用微信就可以自主办理会员卡。在办理过程中，由于微信会自动帮忙录入，消费者需要填写的信息会减少，甚至可以做到一键开卡，省去了很多麻烦。而屈臣氏也能通过微信公众平台自主制作和管理会员卡，实现一键激活会员，从而完成会员信息的初步沉淀。图4-12所示为屈臣氏会员微信入口。

2. 一步连接会员，实现低成本运营

通过与微信的合作，屈臣氏也实现了一步连接会员。屈臣氏可以利用微信公众号向会员发布各种营销信息，包括产品优惠活动、促销活动等，不用花费太高的成本便能达到很好的宣传效果。而且，屈臣氏还能通过微信与会员展开互动，为会员提供各种咨询服务。

图4-12　屈臣氏会员微信入口

屈臣氏会员可以通过微信进行扫码或输码核销，操作简单，上手迅速，避免了到门店核销的麻烦。

3. 一同管理会员，实现精细化运营

屈臣氏对会员进行精细化运营，突出表现在会员权益的通用和划分方面。

首先，会员权益的通用表现在屈臣氏实现了线上线下的会员互通，会员无论在线上商城还是在线下门店都享有相同的权益。这样的举措提高了会员的活跃度，使线下会员开始向线上沉淀，线上会员也能到线下门店体验服务，实现了全渠道销售。此外，通过对会员数据的共享和整合，屈臣氏还增强了服务会员的能力并提高了服务效率，实现了对会员资源的沉淀和长期维护，从而使自身更具商业价值。

其次，会员权益的划分的具体做法是，屈臣氏根据会员的消费频次、最高消费金额、参与活动的活跃度等条件来划分会员的等级，并根据等级赋予会员相应的权益。一般来说，等级高的会员享有的权益要比等级低的会员享有的权益多。这样不仅可以对会员进行细分，实现精细化运营，还可以最大限度地刺激会员消费，以提升自己的等级。图4-13所示为屈臣氏会员等级。

图4-13　屈臣氏会员等级

最后，屈臣氏不断加强与各等级会员的互动和沟通，深入了解他们的需求，以便适当调整各等级的权益，使其与会员的需求更加契合。这样不仅提升了会员的购物体验，也提高了他们对品牌的忠诚度。

我们从屈臣氏的案例中可以看出，打通线上线下会员体系、实现会员权益通用对零售企业来说意义重大。零售企业应结合自身情况打造适合自己的会员体系，争取以最低的成本吸引最多的消费者，从而获得最大的收益。

学以致用

尝试从屈臣氏会员运营的实例中，总结会员运营的方法。

如春在花

企业文化是一家企业能发展壮大、延续百年不可或缺的核心，是企业的灵魂。企业文化包括各种行为规范、价值观念、群体意识、职工素质和优良传统等，也被称为企业精神。企业的发展是建立在国家这片实力雄厚的土壤上的，在孕育自己企业文化的同时，企业应传承国家的优秀传统文化，丰富人们的精神生活，形成良好的社会风尚，使人们的社会文化生活更加丰富多彩，使人们的精神风貌更加昂扬向上，从而推动国家经济的发展和社会的全面进步。

任务三 数字化服务

任务描述

李艾查阅客户运营相关的资料时，发现消费者画像在零售运营中非常重要，并且每个消费者画像的标签都有很多个，它们从不同维度对消费者进行详细描述。数据是如何为消费者贴标签，并通过标签对消费者进行运营的呢？这激发了李艾探究的热情。

任务实施

从移动互联网、O2O、互联网＋、物联网，到如今的数字化零售，全都属于不同时代背景下不断更新的概念。如果发掘其中的本质，我们就会发现，最能准确描述这一变迁的词语其实是数字化。因此，数字化零售中，数字化一定是最重要的核心驱动力，如图 4-14 所示。

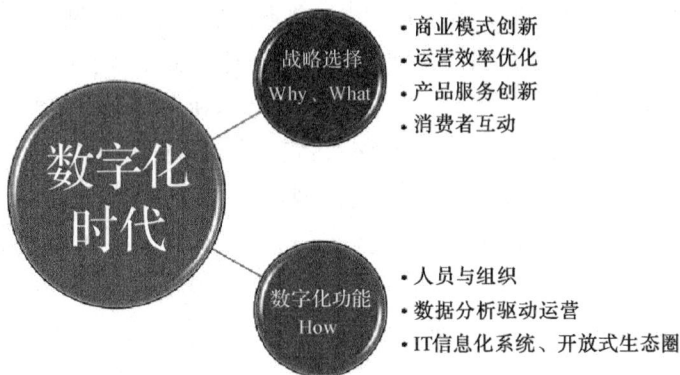

图4-14 新零售中的数字化

从图中我们不难看出，数字化分为两个方面：战略选择和数字化功能。其中，Why 和 What 属于战略选择层面，具体包括商业模式创新、运营效率优化、产品服务创新和消费者互动；How 属于数字化功能层面，具体包括人员与组织、数据分析驱动运营和 IT 信息化系统、开放式生态圈。下面主要从数字化服务方面展开介绍。

👤 活动一 打通线上线下客户服务

数字化带来的产品服务创新，首先就是可以利用数字化打通线上线下客户服务。当今时代，整个数字化零售运营都需要线上线下融合，那么客户服务也要做到线上线下结合，从而打通壁垒，相互促进，扬长避短。

提到客户服务，我们可以以产品购买行为的发生作为分界点，将其分成售前咨询互通、售后解疑互通两大部分。

（一）售前咨询互通

消费者购买行为之前的客户服务包含的是一系列消费者运营策略，包括获取目标消费者的资料，形成消费者画像；聚焦消费者个性化特征，用数字化实现消费者的虚拟使用、沉浸式体验等；针对不同的消费者发放相应的优惠券，以留存消费者，提高成交转化率。

1. 融合线上线下双渠道数据，用数字化实现消费者画像

消费者需求是零售企业一切生产营销活动的出发点和依据。如今，大数据技术的成熟使企业可以更加精准地分析消费者需求，优化日常运营。

如何才能抓住消费者的心，是每一家零售企业都要面对的问题。随着消费者画像的出现和发展，这一问题得到了很好的解决。从本质上说，消费者画像就是真实消费者的虚拟代表，企业通过对消费者各方面信息的了解和分析，能够绘制出独具特色的消费者画像。

早期的消费者画像和个人档案信息十分相似，由于数据来源相对单一，要么是线上问卷，要么是线下的纸质调查，内容并不是特别具体，消费者画像的区分度和可用性都不乐观。随着大数据技术的不断发展和成熟，以及数据量的大幅度增长，零售企业如果将线上与线下数据综合应用，就可以捕捉到大量的消费者行为数据，从而使消费者画像发挥其真正价值。

一般情况下，比较典型的消费者画像包含的维度主要有性别、年龄、偏好、消费习惯、居住地等。当然，零售企业如果想让消费者画像更加精准的话，还可以在上述维度的基础上继续细分。细分的消费者画像示例如图4-15所示。

图4-15 细分的消费者画像示例

从图 4-15 所示的消费者画像中可以看出，这位消费者的作息时间很有规律，生活方式健康，注重自己的生活品质，喜欢尝试新鲜事物。归结以上特点，这位消费者很有可能是一位具有生活情趣的职场女性。那么如何绘制这样的消费者画像呢？具体如下。

（1）确定方向和分类体系

"给谁画？""画什么样的？""为什么这么做？""能有什么样的分类和结果？"这些问题的答案需要企业首先想好。目前，一些企业将人工与大数据系统相结合，通过人工设计消费者画像的方向和分类体系，有针对性地获取数据，再用大数据系统做具体分析。

（2）收集数据

收集数据的方向一定是两个——线上和线下。线上获取数据的方法主要有两种。一种是从软件厂商手中购买相关数据。这种方法的优点是企业自身不用耗费人力物力，缺点是成本较高。另一种是自己收集消费者的数据。这种方法的优点是无须软件厂商配合，缺点是对技术要求较高。线下数据获取方法主要是消费者购物时扫码成为会员后形成数据链条。线上、线下融合，需要企业综合双来源对数据进行收集。

（3）研究消费者标签并建模

研究消费者标签并进行指数建模需要基于有针对性的大量数据，再通过这些数据来做判断。如果数据量太少，或者数据针对性不强、不具有代表性，企业就无法为消费者贴标签。企业不能根据消费者的某一次购物行为来为其贴标签，而要根据购物频次、消费比例、购物时间等多方面的信息进行综合建模。

（4）注重隐私保护

消费者画像是消费者的隐私。企业所得到的各种数据绝不可以挪作他用或卖给其他企业。泄露消费者的隐私既违反法律又违背道德，是诚信缺失的表现。

企业要在征得消费者授权、保证消费者隐私安全的前提下，合理、合法地收集、使用消费者的个人信息。因此，企业要用大数据为消费者画像，必须征得消费者同意，而且还要保证信息不外泄。

做到如上 4 个方面，企业就能为线上、线下所有消费者勾勒出精准的消费者画像，为消费者提供令他们满意的产品和服务。

2. 数字化实现虚拟使用，完成沉浸式体验

随着电商市场接近饱和，各大企业把发展重心从抢占线上市场份额转变成开设线下体验店，利用多年积累的线上数据和各项技术优势对体验店进行改造，创立数字化门店，进行数字化创设氛围。

例如，丝芙兰这一化妆品集合店，售卖的均是业内高端产品，目标消费者

范围较为狭窄。现如今，丝芙兰利用数字化零售技术创造了更加差异化、个性化的门店体验。

抛砖引玉

在 2017 年，丝芙兰打造的数字化门店就极具吸引力了。它完美地融合了数字化技术，给消费者带来了新奇的体验。

第一，iPad 美妆教学区。

丝芙兰在门店里放置了十几台 iPad，消费者可以通过这些 iPad 获取最新的美妆教程，也可以得到很多定制化的美妆建议。例如，如何画清透明亮的上班妆。另外，iPad 旁边还有化妆必备的工具，方便消费者体验。

进入店内试妆和选购产品的消费者如果觉得试妆效果很好，还可以利用店内的无线网络，将这些美妆教程分享给他们的朋友。这也为丝芙兰宣传了产品，推广了品牌。此外，丝芙兰的 ColorIQ 触摸屏还可以实时地为消费者选择适合他们的唇膏、粉底液等。ColorIQ 会智能地分析出哪种口红或眼影的颜色更适合消费者，以满足消费者的个性化需求。

第二，虚拟试装镜 TapandTry。

在丝芙兰的数字化门店中还有一款非常神奇的试妆镜。它是 2014 年丝芙兰与加拿大 ModiFace 公司合作，利用 AR 技术开发出的一款试妆镜。消费者在店内只需扫一下产品的条形码就可以在屏幕上看到真实的上妆效果。在试妆镜前，消费者除了可以尽情尝试 3 000 多种口红、眼影外，还可以虚拟试戴假睫毛。

经过几年的不断改进，丝芙兰的试妆镜获得了消费者的一致好评，它不仅完全省去了消费者试妆的麻烦，也帮助丝芙兰节省了准备小样和化妆工具的费用。

第三，FragranceIQ 小测试。

丝芙兰还将类似的技术应用到了护肤品和香水方面。

在香水方面，FragranceIQ 香水小测试利用了丝芙兰最新研发的 InstaScent stations 装置，这种装置能让消费者通过试闻不同的香味来确定自己最喜欢的那一款香水。在消费者选定了香型后，该装置就会将该香型的香水喷出来。

此外，FragranceIQ 香水小测试还可以根据消费者的需求来推荐最符合要求的香水。例如，消费者偏爱什么香型的香水？是花香还是果香？喜欢在什么场合使用香水？

丝芙兰香水营销部的副总裁布鲁克·班沃特曾表示，找香水是一件很私密的事情，过程也需要简化，这样才不会让消费者在选购时产生困扰。

在护肤品方面，丝芙兰不仅推出了能根据肤质推荐护肤品的 SkincareIQ，还推出了一种可以检测皮肤湿度的面部贴片，并以此来确定消费者的皮肤类型，从而有针对性地为消费者推荐合适的产品并给出合理的护肤建议。此外，丝芙兰还会定期开设一些线下美容交流课程，邀请护肤达人来为消费者解惑。

丝芙兰打造数字化门店的举措也曾招来非议，有的人觉得这些措施是多此一举。淘宝就曾认为，丝芙兰的数字化门店提供的服务与线上是重复的。但站在消费者角度，如果他们将淘宝的不同品牌店铺的这些数字化技术都尝试一遍，会花费大量的时间。丝芙兰利用了看似不怎么新颖的数字化技术在线下构建体验式服务，为消费者带来了便利。

3. 数字化实现个性化推送，以提高转化率

在大数据背景下，企业可以充分收集线上线下消费者的购买行为数据，通过对这些有价值的数据进行筛选、整理、分析，进而对不同区域、不同层次的消费者进行消费预测。

企业需要从大量数据中发掘出所需要的数据，并找到它们的内在关联。企业要进行新背景下"内容＋关系"的多维度研究，可以从以下两个方面入手。

（1）借助时间维度。当分析某种产品的销量时，企业首先应想到的是观察销量随时间的变化趋势。企业可以通过这些数据分析出这种产品的销售旺季和淡季，再根据结论，指定相应季节的个性化推送，刺激消费者的购物欲望，提高转化率。

（2）借助地区维度。当分析某种产品的销售情况时，不同地区的人们可能感兴趣的产品也会不同，这能给企业指明不同产品品类的销售模式。

抛砖引玉

京东"数聚汇"

京东曾对 8 000 多万名消费者的生活喜好及购物习惯进行分析，发现了一些非常有趣的消费行为。上海的男性注重自己面部的干净整洁；北京男性更青睐香氛和防脱发产品；江苏男性喜欢关注眼部护理；而东北姑娘更热衷于豹纹样式的服装，而且人均购买数量已达到 4 件。

利用这些结论，京东对自己的促销策略进行了调整，在东北地区侧重于豹纹产品，向购买过产品的消费者推送促销活动，并根据消费者购买能力的分析结果，向不同层级的消费者推送不同价位的产品。此次具有个性化的营销方案得到了广泛的传播，也为京东赢得了丰厚的利润和良好的形象，成功留住了消费者，提高了转化率。

（二）售后解疑互通

订单能否成功的关键一环其实是服务。如果消费者很喜欢你的产品，浏览

了产品，也收藏了产品，但最终没有下单，这很有可能是因为他们对售后服务质量不确定。

1. 送货服务

售后服务中最重要的一环就是物流服务。国务院办公厅印发的《关于推进电子商务与快递物流协同发展的意见》中明确指出："针对电子商务全渠道、多平台、线上线下融合等特点，科学引导快递物流基础设施建设，构建适应电子商务发展的快递物流服务体系。"

国家的大政方针已经为物流行业指明了发展的方向。在新零售时代，科技日益发达，购物渠道更多，购物越发便捷，消费者对购物体验的要求更高。在这种条件下，相对滞后的传统物流行业早已跟不上时代的步伐，改革已迫在眉睫。

例如，过去消费者在网上下单之后必须经过几天的等待才能顺利拿到产品。而现在，取而代之的是下单后的"分钟级"送货模式。

如今，相对于新零售的其他方面，物流行业依然有着巨大的发展空间。作为零售企业，谁能在物流方面做得更好，谁就能抢占市场先机，获得长足的发展。

智能物流将会使"网上购物，楼下发货"成为现实，改善实体店所面临的巨额人工成本、昂贵地租等不利条件，使线上线下的壁垒被彻底打破。未来，无论是电商还是实体店都将插上翅膀，实现信息流、商流等多方面的融合，电商和实体店之间的竞争也将就此画上句号。

抛砖引玉

京东模式

2017年，京东的物流仓储负责人曾在一次采访中介绍说："无人机、无人车、无人仓是京东智慧物流的三大支柱。自今年'6·18'以来，京东无人机已在宿迁、西安实现了日常运营，两个月内完成了数千单配送任务，飞行里程近2万千米。京东无人车也已在北京、杭州、西安的多所高校开始运营，而智能机器人更是早已在不同仓储物流中心投入使用。"

2017年6月，京东首次使用无人车配送货物。这种无人车能承载100千克的货物，充满电后可行驶约20千米的路程。无人车的车顶有两个定位装置，以供京东的工作人员远程跟踪定位、实时监控；车体内还配备了多款传感器，用于感知周围的路况。当检测到前方有缓冲带时，无人车会自动放慢速度；当检测到前方有障碍物时，无人车还会自动调整路线。

在送货时，京东的工作人员只需将打包好的货物通过上方的车盖放进无人车内，便可以操纵无人车送货了。因为所经过的道路往往人流量较大，所以无人车的速度不会很快，通常保持在 3～5 千米 / 时。当即将到达收货人所在地时，无人车便会自动给收货人发短信，通知收货人尽快出门取货。收货人在取货时，只要在无人车的屏幕上输入相应的验证码就可以了。如果等待半个小时后，没有收货人来取货，无人车就会自行前往下一个目的地。

2018 年 3 月，由京东自主研发的全球首个无人智慧配送站在陕西西安落成并投入使用。无人智慧配送站面积约为 14.4 平方米，高度约为 3.6 米，有 28 个存储货箱和 1 个发货箱，配备了 1 辆无人车，并可为其充电。该配送站的运行流程是：首先，无人机自动将货物送到配送站顶部，并卸下货物；其次，由机器人完成货物的入库、包装、分拣、装车等各个流程；最后，再由配送机器人进行配送，全程没有人工参与。

无人智慧配送站与传统的横梁式货架仓相比，存储、包装、分拣的效率都提高了数倍。而由于其采用配送机器人送货，也极大地缩短了配送时间。

零售企业应该正视自身所面临的挑战，对物流进行全面数字化改造，完成人、货、场的重构和升级，减少时间、物理空间对零售的制约，竭尽所能地建设与新零售相匹配的现代物流。

2. 咨询服务

我们在购买一款产品时，除了考虑产品本身的质量和用途外，还会考虑相关服务。如果我们无法从商家那里获得售后服务保障，即便这款产品再合乎心意，我们也往往不会购买。

时任阿里巴巴副总裁的靖捷在"2015 新网商年度盛典"上说过："消费者收到货以后，能否对这个品牌的产品进行二次消费，决定性因素不在于产品本身，而在于产品如何才能兑现其对于消费者的价值。这个价值往往要靠当地的服务商来配合才能够实现。……服务本身既影响我们（零售电商）是否能够让消费者在购买产品的时候下定决心，提高转化率；又可以决定消费者能否在第一次成功购买后持续回购。而这要依赖于品牌能否与在当地能够提供服务的经销商和社会化的服务商形成合作。"

做好咨询服务对于企业是非常有意义的，这样不仅能为消费者答疑解惑，促进消费者下单，还能为消费者打消疑虑，排除后顾之忧，让消费者感受到企业长期的关怀与陪伴，对企业产生信赖，成为企业的忠实粉丝。

学以致用

1. 如何构建消费者画像？
2. 如何利用数字化手段实现线上线下融合服务？
3. 在售后咨询时，企业可以用数字化手段优化哪些服务？

👤 活动二　建立门店自提模式

电商在崛起后的一段时间内，对传统零售业有非常大的影响，挤占了传统零售业将近6成的市场份额，对传统零售业造成了极大的冲击。但经过多年的发展，电商也没能完全取代实体店，这就说明实体店具有不可替代性。

在实体店中，消费者可以身临其境，获得良好的购物体验，他们不仅可以真实地接触产品，亲身体验产品，而且能感受店内人员的服务，这些都是电商线上店铺做不到的。例如，很多消费者在购买大型家用电器时，会对产品的尺寸、性能、质量及售后服务等非常在意，因为购买这些产品的花销会占据家庭开支中较大的比重，所以消费者会非常慎重。如果在线上购买，由于没有办法亲自体验，消费者会产生很多顾虑。因此，绝大多数消费者还是会选择到实体店购买。

那么，数字化零售企业要想提高产品销量，快速占领市场份额，就必须充分考虑消费者的想法，以消费者为核心，满足他们的需求，不仅要提供质优价廉的产品，还要注重提升消费者的购物体验，服务好消费者；保持线上线下的同步，在线上看到的产品，线下就能直接买到，即建立"所见即所得"的客户门店自提模式。

（一）"所见即所得"的客户门店自提模式

"所见即所得"，从字面很容易理解，即看见的就是自己得到的。这是数字化零售采取的一种"线上线下融合"的零售策略，即消费者线上下单付款后，24小时内会收到完成备货的通知，随后可到附近的门店自行取货，实现"所见即所得"。

有调查显示，99%的消费者希望实体店和线上旗舰店可以实现线下线上同步优惠，56%的消费者希望缩短"双11"期间的收货时间，还有81%的消费者想要在距离自己最近的实体店直接提货，如图4-16所示。

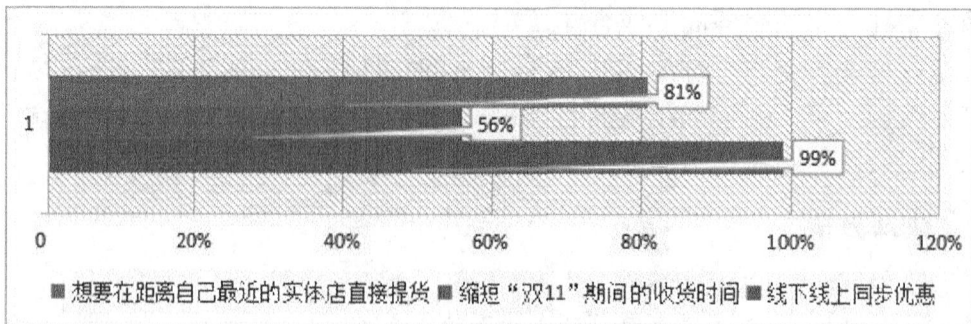

图4-16　消费者购物需求调查

面对这样的结果，企业可以实施"线上下单，门店提货"模式。

第一步：消费者在线上下单，订购有"门店自提"标志的产品。

第二步：消费者根据提示选择最近的取货门店，并提交订单完成支付（无须支付运费）。

第三步：消费者凭借门店发出的"提货凭证"短信，前往选定的门店提货。

第四步：消费者到店，出示"提货凭证"短信，拿到产品。

这样的销售模式契合大多数消费者的购物需求，既能保证购物过程的快捷简便，又能使消费者快速拿到产品，获得更好的购物体验。

抛砖引玉

优衣库大中华区首席市场官曾说："优衣库所理解的新零售概念，就是怎样让消费者更好地体会到将线上线下融为一体的感觉。"

优衣库借助对大约 4 万名消费者进行调查的结果，认识到了自身的不足，于是果断调整运营策略，正式提出了"线上下单，门店 24 小时取货"的销售模式。

2016 年"双 11"期间，优衣库通过线上引流、线下提货的运营策略，一举夺得天猫服饰类销售冠军，可谓出尽风头。紧接着 2017 年"双 11"期间，优衣库进一步探索这种线上线下联动的模式，宣布消费者可从 11 月 10 日起至门店以"双11"的优惠价格购买线上同款商品，且在 11 月 11 日—11 月 15 日还可以在线上线下购买同步优惠的百款精选商品。活动一经推出，从 11 月 10 日开始，大量消费者开始到门店排队。同时，优衣库门店继续支持"线上下单，门店 24 小时取货"服务，这引得不少消费者纷纷线上下单，然后到门店试穿后再决定是否提货。如此一来，优衣库既让消费者享受到了和线上同样的优惠，还让喜欢逛街试衣服的消费者可以慢慢挑选。如果有颜色不喜欢、尺寸不合适等问题，消费者还可以当场更换商品。裤腿不合适，服务人员还可以为消费者免费修改。

相关数据显示，目前优衣库已经有 100 个城市的 400 多家门店采取了"线上下单，门店 24 小时取货"的销售模式。这种销售模式使优衣库实现了业绩与口碑的双赢，使它的每家门店和线上旗舰店都成为建立品牌形象和宣传品牌的窗口，也赢得了消费者的广泛好评和青睐。在天猫的一次"双 11"购物节中，只用了不到 3 分钟的时间，优衣库的销售额便突破了亿元大关，成为全品类中销售额最快破亿元的品牌。

我们从优衣库的案例中可以看出，数字化零售企业只有积极布局实体店，利用自身线上的智能优势，打破线上线下的壁垒，最大限度地吸引客流量，满足消费者的购物体验需求，才能提高品牌知名度，使企业获得长足稳定的发展。

（二）线上线下门店融合服务

"所见即所得"的模式实际上就是零售企业结合自身的线上线下渠道，使二者互相协助，相互取长补短，线上充分发挥吸引客流量的优势，线下为消费者提供优质的售前、售后服务，从而实现双线并行的营销模式。

以服装品类为例，对于服装、鞋、帽品类，消费者希望能用手摸到、感受到商品的质感，再看到试穿的效果。面对线上购物不能满足这些需求的弊端，企业需要积极改善。企业可以借助直播，用真人试穿的方式带给消费者试穿印象；可以借助短视频讲解商品材质等。但是这些方法也无法改变消费者与商品之间始终隔着网络这一实质问题。那么，线上与线下的统一运营，相互之间贡献自身的优点，二者互助互补的模式会解决这一问题。

在现今的女装市场中，电商的市场份额已趋于饱和，最开始的互联网红利正逐渐消失，各家零售企业都已在线上完成了第一轮角逐，消费者的购物习惯已然形成，零售企业想改变这种现状，吸引更多的消费者接受自己品牌，会非常困难。相反，实体店在过去电商火爆之时，陈旧的经营理念已逐渐没落，将线上与线下进行深度融合，将是下一个突破瓶颈的最有力的手段。

当然，线上线下共同融合、协同发展一定是零售行业的发展方向，因为二者可以互相取长补短。企业利用线下"看得见、摸得着"的特点，给消费者更加舒适贴心的服务，让消费者对品牌产生好感并逐渐形成依赖，使其成为品牌的忠实拥护者，从而赢得消费者的心。

🧱 抛砖引玉

茵曼是一家互联网女装品牌，2008年在淘宝网开始营业。2013年，经过5年的迅猛发展，其年销售额已经突破了5亿元。到了2017年，茵曼的销售额创下纪录，仅"双11"期间的销售额就突破亿元大关，挤进了淘宝女装销量前5名。

但茵曼并没有安于现状只存在于电商平台，而是积极地开始筹办实体店，将公司下一步的发展重点放在了开拓线下市场中。茵曼布局线下的方法有两种。一种是与大型购物商场签署战略合作协议，如在新世界百货设立线下门店，同时线上线下享同等商品、同等服务。这种方式可以快速且最大限度地吸引大城市线下客流，提高品牌辨识度，增加销售业绩。另一种是启动"千城万店"计划，进行线下门店招商。

我们通过茵曼的母公司提供的数据可以看出，这种经营方式达到了预期的效果。从2012年开始，茵曼的净利润率逐年下滑，但经过实体店的布局，该问题有了明显好转。

📗 学以致用

对于"所见即所得"的客户门店自提模式，你熟悉吗？你在生活中遇到过吗？你觉得这种模式的最大特点是什么？

📝 如春在花

茵曼以"棉麻艺术家"为定位，将传统元素很好地融入现代服装，成为享誉互联网的原创设计品牌，在竞争激烈的女性服装市场中一鸣惊人、脱颖而出。因此，只要我们拥有创意，敢于行动，发挥能工巧匠的精神，勇于创新，一定可以创造出属于我们自己的精品。

温故知新

一、单选题

1. 社群强调的是人与人之间在（　　）里的联系。

　　A. 物理空间　　　B. 现实空间　　　C. 虚拟空间　　　D. 学习空间

2. 李艾家今年换了一辆新的电动汽车，同时加入了该汽车企业的车友会，这个车友会属于（　　）。

　　A. 产品型社群　　　　　　　　B. 兴趣型社群

　　C. 知识型社群　　　　　　　　D. 工具型社群

3. 社群群规属于（　　）。

　　A. 人员组成　　　B. 交流平台　　　C. 加入原则　　　D. 管理规范

4. 沉浸式体验指的是在一个沉浸式商业空间中，通过调动（　　），强化情感和体验，最终引导消费的一种商业模式。

　　A. 消费者的想法　　　　　　　B. 企业运营策略

　　C. 人的感官体验和思维因素　　D. 商家需求

5. （　　）不属于采用沉浸式体验营销需要注意的问题。

　　A. 试用品要规划好摆放位置

　　B. 试用要有安全保障

　　C. 摆放试用品后，要对在场的工作人员进行合理配置，使其服务好消费者

　　D. 试用品不需要保护，消费者可以随意消耗和滥用

6. 在数字化零售时代，属于战略选择的是（　　）。

　　A. 人员与组织　　　　　　　　B. 数据分析驱动运营

    C. 产品服务创新   D. IT信息化系统

二、多选题

1. 社群类型有（　　　）。

    A. 产品型社群   B. 工具型社群   C. 兴趣型社群

    D. 品牌型社群   E. 知识型社群

2. 社群营销的优势主要体现在（　　　）。

    A. 社群营销更自由   B. 社群营销的交流更有针对性

    C. 社群营销能感受品牌温度   D. 社群营销更值得信赖

3. 社群的流量来源有（　　　）。

    A. 亲朋好友   B. 实体门店引流

    C. 线上引流：电商或新媒体平台   D. 线上线下渠道积累的老客户

4. 社群运营的有效方式包括（　　　）。

    A. 明确目标用户   B. 明确运营主题和内容

    C. 通过内容来表达主题思想   D. 聚焦个性化需求

5. 企业深度经营粉丝时，需要用情感留住用户，这可以利用粉丝的（　　　）来实现。

    A. 社交类型的爆点   B. 兴奋类型的爆点

    C. 分享类型的爆点   D. 成果淘汰制

三、判断题

1. 沉浸式体验营销策略之一是购买环境模式构造沉浸式体验。（　　　）

2. 增强消费者黏性的方法之一是保持有文化的连接，服务消费者。（　　　）

3. 消费者购买行为发生之前的客户服务包含的是一系列消费者运营策略。（　　　）

项目实训

🔀 实训背景

    李艾和同学们在经营学校线上微店和校园实体店时，想在客户运营方面有所突破。由于店铺的客流主要是校园内的学生和教师，于是他们打算建立微信群作为店铺的社群基地，从而充分了解主要客源的需求及动态，为店铺的经营找准定位，进一步提升店铺的销售业绩。

✘ 实训要求

    以小组讨论、上网查找资料、请教相关工作人员的形式，了解在建立和维护社群时需要做哪些工作，需要解决哪些问题，并完成表4-2。

表4-2 社群运营计划表

	需要做哪些工作	可能需要解决的问题
建群时		
运营时		

💬 **实训评价** ⌇⌇⌇⌇⌇⌇⌇⌇⌇⌇⌇⌇⌇⌇⌇⌇⌇⌇⌇⌇⌇⌇⌇⌇⌇⌇⌇⌇⌇⌇⌇⌇

请教师和学生一起完成表4-3。

表4-3 评价表

	评价项目	得分
教师评价	能够较完整地罗列出各环节内容（40分）	
	能够有效借助现有的渠道条件完成实训任务（20分）	
学生互评	对小组成果的贡献度（40分）	
合计		

项目五

数字化零售运营实战之智慧门店

职场情境

　　李艾很喜欢去离学校不远的商业中心，自从开始学习数字化零售运营课程，他开始研究优衣库店铺中商品的摆放、本季推出的热销商品，观察某一时段的客流量、顾客喜好，对比优衣库线上与线下的营销手段。他走进小米之家，发现虽然商品品类不如线上丰富，但是每种商品都非常吸引眼球，顾客可以体验商品，充分感受商品，不会有店员过来打扰；门店配有专业的工作人员，以回答顾客的问题，从而实现沉浸式体验、慢体验。李艾开始思考数字化零售运营的全过程。

学习目标

✎ **知识目标**

- 掌握商品定位、C2B商业模式、数字化供应链的概念。
- 分析零售门店数字化的变革过程。

✎ **能力目标**

- 能够探究门店数字化变革的渠道。
- 通过实训任务,绘制门店数字化改造的流程图。

✎ **素质目标**

- 体会数字经济为人们生活带来的便利,树立学好知识,练好自身本领,成为对社会发展有用的人才的信念。
- 培养一定的批判精神和决断能力。
- 培养团队合作精神。

任务一 商品数字化

任务描述

"小米之家"由于受到空间的限制,商品品类不如线上丰富,但每个品类都有几款"爆品"秉承了小米全系列商品的设计理念,店内做到了多品类、多"爆品"、全系列的商品陈列。小米为用户提供了一条商品链条:买一个小米监控摄像头,觉得很好;再买一个小米路由器,监控数据可以30天循环保存在路由器的硬盘上;再买一台小米电视,打开家里的电视,就可以监控办公室的情况;如果你还有小米手机,旅行中拍的照片,家人在小米电视上就能实时看到。它们之间技术上的关联性、协同性,甚至仅仅是外观上的一致性,都会提高连带率,让用户忍不住多买。李艾看到很多到"小米之家"的用户本来只打算买一件商品,结果会选择好几件相关的其他商品。小米是如何运营商品的呢?李艾陷入沉思。

任务实施

👤 活动一 明确商品定位

(一)商品定位

传统商超正在失去日渐分化的消费群体。传统商超虽然定位于"货全",

但商品丰富度无法与综合电商平台（如天猫 / 淘宝、京东）相媲美；同时，传统商超商品虽多，但结构老化、选品平庸，使得长尾 SKU 占比过高，货架面积实际被严重浪费。

虽然电商平台成为消费群体的主流选择，但是消费者不能直接体验在电商平台上销售的商品，这导致消费者无法确定商品的质量；电商平台物流体系的建设不够完整，虽然很多商家承诺"30 分钟到达""保证新鲜"，但可能经常无法实现，同时有些服务区域局限性较大，只能满足人口基数大的一线城市；电商平台无法满足消费者对商品的个性化需求，在电商平台上很多商品因面临同质化问题而以低价为主要营销方式，这直接导致商家忽略了品牌和服务。

便利店的优势在于鲜食占比高、便利、距离近，卖场面积小（50～200 平方米），而且商品陈列简单明了，货架比超市的要低，使消费者能在最短的时间内找到所需的商品；但是商品种类少，价格较高，对社区消费系数依赖性较强。

会员店和新零售企业的商品定位相对其他零售业态更清晰一些。会员店在选品上只针对会员的需求，从而建立固定的消费群体，拥有相对忠实的消费者。会员店深挖会员的消费需求，收集数据分析消费者的各项指数，进行针对性选品，有规律地对会员进行营销活动和新品推荐，以增强会员黏性和认同感。新零售企业主要依靠以大数据计算为主，人工审核为辅的方法进行选品。大数据计算是将限制条件、内外部影响因素、商品标签等相关参数赋值给数据模型，让数据模型给出推荐方案。该方法最具代表性的零售店是便利蜂，它通过数据模型推荐上架商品，店长只需要根据系统指示执行即可。

（二）商品定位的过程

数字化零售商品定位主要依据 3 个方面。第一，大数据对消费群体消费习惯的分析，对消费群体消费需求的分析，对商品营销模式的预判。第二，对商品的分析，如明确商品核心功能、商业模式等商品属性。第三，匹配消费者数据与商品属性数据，推动商品的结构性优化与消费者管理达到动态平衡，形成数据模型。

依据上述 3 个方面，商品定位的过程可以分为消费者角度、商品角度及数据模型角度。

（1）消费者角度

- 商品要满足哪些消费者的需求？
- 这些消费者都有什么样的需求？
- 商品是不是能够满足消费者的需求？
- 如何找到需求与供给的独特结合点？

- 如何才能有效地满足消费者的需求？

（2）商品角度

- 对商品的功能属性进行定位。
- 对商品的卖点进行定位。
- 对商品的品牌属性进行定位。
- 对商品的外形和包装进行定位。
- 对商品的基本营销策略进行定位。

（3）数据模型角度

- 消费者数据。
- 商品数据。
- 数据复盘。
- 数据优化。

依据以上内容我们可以看到，大数据对商品的定位是动态的，数据模型随着数据的不断丰富而变化，商品依据数据模型不断优化，定位随之变化。图 5-1 所示为商品定位的过程。

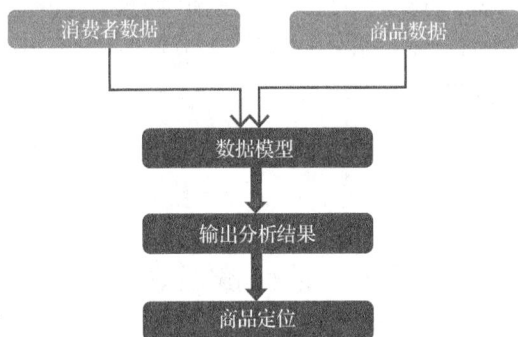

图5-1　商品定位的过程

（1）消费者数据

- 性别：不同于消费者的自然性别，这里可理解为消费者经常购买适用于什么性别的商品。
- 年龄：不同于消费者的自然年龄，这可以理解为消费者经常购买适用于什么年龄段的商品，分为 15～18 岁、19～25 岁、26～35 岁、36～45 岁、46～55 岁、56 岁及以上等年龄段。
- 地区：消费者在历史收货地址中，出现频率最高的省（市、区）。
- 会员等级：经常购买某商品的消费者在店铺享有的会员等级。
- 购买力：除明显的高端商品外，商品内部划分的档次。一支圆珠笔单价不高，但也有高档、中档、低档的区别，按照消费者经常购买的同类商品的档次对消费者进行分类。购买力不代表消费金额的高低。

- 促销敏感度：根据消费者历史订单的优惠订单占比、每单优惠金额占比、优惠金额这3个因素，通过机器学习，将其分为非常敏感、高度敏感、中度敏感、轻度敏感、不敏感几类。消费者越在意促销，促销敏感度越高。
- 购物偏好商品品类：近90天内，消费者在店铺最常购买的商品品类，商家在制定品类拓展或关联销售计划时，可将其作为参考。

（2）商品数据

- 商品属性：商品所属类目、核心功能。
- 商品市场潜力：包括商品的生命周期、市场规模等数据。
- 商品定价：包括商品成本、商品的利润空间和商品品牌的溢价能力。商品的利润空间决定是否有延长商品生命周期的资本。
- 商品品质与体验：商品品质决定商品在行业中的定位，如高端、中端、低端；商品的体验包括商品的视觉效果及使用感受，对商品前景有至关重要的影响。

企业通过消费者数据与商品数据搭建数据模型对商品进行定位，甄别目标消费者对商品的需求，确定商品品类方向，做到品类精准定位及营销，从而吸引、汇聚消费者，增强目标消费者的黏性。

（三）数字化选品

数字化选品分为3种情况。第一种，线上线下一体化，选出的商品大多同时在线上和线下售卖，同质同价。如盒马鲜生、山姆超市，它们售卖的商品可以线上配送，并有线下门店。第二种，线上全品类、线下强体验。受到物理空间、货架数等因素的限制，线下门店选出的商品需要具有一定的功能性，如体验性强、高频、导流等，能够给消费者带来沉浸式体验并提高线上线下的客单价。如小米之家、华为智能生活体验店。第三种，"千店千面"，精准匹配社区消费群体的选品。根据社区中消费者的年龄、爱好、生活习惯、购买力进行数据选品匹配，商品多为快消品、生鲜食品等。如天猫小店、便利蜂等社区便利店。

不同场景的选品策略、限制条件、影响因素等都大相径庭，下面以大卖场和便利店为例，采用数字化选品策略，并通过效果复盘、数据反哺，选出优质单品。首先，我们来了解一些基础概念，包括单品、品类、大卖场、便利店等。

1. 基础概念

（1）单品：也就是SKU，即可售卖/库存的最小标准单位，选品也以此为单位。单品和商品不太一样。例如，农夫山泉纯净水是商品，它下面有不同的规格属性，通过属性确认唯一单品，一瓶1.5升的农夫山泉纯净水即是一个单品。

（2）品类：零售管理的核心，它不是按照商品原材料归类，而是将满足消费者相似需求的商品逐级分类，能更有效、灵活地做出调整，顺应市场需求。例如，婴儿用品传统上分为食品、服装、纸品等品类，但随着这部分商品销售额贡献越来越庞大，逐步形成了新品类——孕婴童品类。

（3）大卖场：可以理解为大型综合超市，占地面积很大，有可能坐落于郊区，如盒马鲜生、山姆超市，经营的商品基本满足消费者全部的需求，可售上万种不同的单品。

（4）便利店：面积小，经营酒水、零食等便民商品，靠近学校、中央商务区、居民区等人流量大的地方，开店密度高，如天猫小店、便利蜂、京东便利店。

2. 数字化选品策略

数字化选品策略如图5-2所示。

图5-2　数字化选品策略

（1）商品库

商品库指商家通过供货渠道、可采购的商品总池，包括在售、未售但可以供货的商品，作为基础数据供算法处理、选择。

（2）限制条件

商家应将一些业务限制或要求作为前置条件，不满足这些条件的单品或品类不应进入后续的选品。常见的限制条件有以下几种。

· 单品数上限：影响算法选品的单品总数。线下选品数受门店物理空间、货架数限制。大卖场一般有上万种单品，如山姆超市经营3万～5万种单品；便利店由于面积狭小，一般有2 000～3 000种单品。线上选品虽然没有物理空间、货架数限制，但是需要考虑用户在手机上选购时商品曝光率和配送成本问题，单品数一般控制在1 500～5 000。

· 品类覆盖率：大卖场线下基本要求品类全覆盖，应有尽有；便利店线下的品类基本为休闲食品、酒水饮料，而大型电器、衣服鞋帽等无须覆盖。

- 规格带覆盖：大卖场售卖规格繁多，基本没有限制；便利店受面积和用户需求影响，售卖规格少；线上选品，大规格的单品更受青睐。
- 价格带覆盖：受商家定位影响。例如：山姆超市定位高端，进口商品多，价格带偏高；物美超市主打中低端商品，价格带偏低。

（3）影响选品的因素

影响选品的因素有很多，且不同品类受影响的程度不同。例如，冰激凌受季节影响大，厕所用纸则不受季节影响。因此，在用影响因素搭建选品模型时，需先将品类分为几类（或者可以理解为商品标签），再进行不同策略的选品，主要包括：季节品，供需受季节强影响，如生鲜果蔬；节日品，用户需求受节日强影响，如月饼、粽子；核心热卖品，一年四季均可上架，为品类贡献80%的销量，具有市场竞争力，甚至代表商家形象，如盒马鲜生的海鲜；新品，之前没有售卖，但是市场数据或需求趋势表明可以带来一定价值；必备品，销售表现不一定优异，甚至垫底，但不能不选，因为缺少了会给用户带来在架商品不全的印象，如牙线、毛巾；品牌感知度高的商品，在购买时用户决策受品牌影响，如饮用水用户倾向于选择农夫山泉、怡宝等品牌。根据影响选品因素的权重配比，常见的影响选品决策的内容有以下几点。

a. 用户行为表现维度

- 关联购买：调查用户经常一起购买的商品，选出组合销售或关联陈列的商品，如尿布和啤酒。线上优势，如用户浏览商品 A 的时候，下面会有推荐文案：××% 的用户也会购买 B。提醒用户买全商品，从而带来更多付费。
- 复购数据：通过用户的复购行为、购买频率，找出高复购率、高频购买的商品，此类商品可以为商家重复带来价值。
- 用户近期线上搜索行为数据：代表近期用户需求、市场热度趋势，可以强关联影响线上选品，如热搜（用户需求量大）、搜索无果（代表当前选品未满足用户需求）、搜索增长（代表市场变化趋势，可提早察觉）。
- 用户近期线上点击行为数据：可以用于调试模型，增加算法逻辑及参数。例如，用户在洗发品类下倾向于根据功效（防脱、柔顺、去屑等）进行选择，其次是品牌，最后是规格，那么在选品时，洗发品类的影响因素权重应调整为功效>品牌>规格。
- 建议售卖商品：通过选品决策和数据算法模型得到建议售卖的商品清单。通常来说，通过一些前置条件设置选品限制，再结合不同的业务场景、商品属性标签，在多种条件的影响下，从商品库中选出建议上架商品，以获得更高收益。

b. 商品维度

- 既往销售指标：既往商品的销量、销售额、毛利、销量增长率、动销率。
- ROI：投入多少资源，获得多少销售反馈。例如，盒马鲜生将线上和线下表现合在一起创造效益奇迹。
- 市场调研、舆情数据：主要针对新品的挖掘，通过外部舆情分析获得市场最新变化趋势，结合竞争对手热卖品，对新品选择策略的影响因素权重进行调整。
- 商圈表现：主要针对线下选品，根据门店所处位置强化某品类的单品配比。例如，位于学校附近的门店售卖文具较多，中央商务区附近的门店售卖加工熟食、快餐较多。

3. 效果复盘、数据反哺

完成选品决策后，复盘选品效果非常重要，可参考销售增长表现，并将表现不佳的品类拿出来，单独挖掘具体单品数据，建立失败数据调整模型。

（四）打造"爆品"

"爆品"可以快速提高销量，增加店铺客流量，并通过关联商品提高客单价，"爆品"稳定后能带来持续的流量和销量。"爆品"还可以快速提高品牌曝光度和认知度，展示品牌形象。商家打造"爆品"时应根据目的对用户进行有针对性的引导。"爆品"的优势如下：首先，可以在单件商品的设计、品质上尽全力做得更好，从而带来更高的转化率；其次，"爆品"能够带来巨大的销量，这必然会降低供应链的成本，促成更低的价格，而性价比更高的商品能带来更高的转化率，形成良性循环。

"爆品"具备以下特点。

- 重要性：是用户在意的。
- 独特优越性：有自己的特色，竞品不容易模仿，且优于竞品。
- 可沟通性：用户能直观地看到。
- 经济性：其差异化功能点是用户买得起的。
- 盈利性：价格对用户具有吸引力的同时，"爆品"有着不可替代的优势，能够为企业带来利润。

📖 抛砖引玉

小米的"爆品战略"

小米的产品品类非常多，但是在小米之家中，每个品类仅以几款或者一款产品为"爆品"。小米通过"爆品战略"，将过去在网上少量电商用户享受的优质低价产品提供给所有线下用户。小米以用户为导向的"爆品战略"通过3个方面完成。

1. 提供高性价比产品

小米的"爆品战略"是提供高性价比、高质量的产品来改变生活，让人人都能享受科技带来的乐趣。其营销战略永远是为用户递送价值。小米递送的价值就是高性价比的产品和科技带来的乐趣，这也是其产品能成为"爆品"的原因。

2. 细化目标市场

小米主要的目标群体是一线、二线城市的年轻人，他们喜欢体验新技术和新的生活方式，收入中等。小米遵循细分目标市场的营销策略，细分产品的受众，针对年轻人、儿童、老人设计不同的产品，大部分产品有明确的目标群体，不会用同一种产品和服务满足整个市场。这与市场上很多快消品没有划分受众形成鲜明的对比，让用户感受到了被重视，所以用户更愿意购买小米的产品。

3. 小米产品的差异化

设计差异化：小米"Less is more"的设计语言让用户很快从众多产品中将小米产品识别出来；所有产品设计遵循简洁、圆润、功能按键少的特点。

科技差异化：卫生间的洗手液从手动按压式变成自动式，客厅的音箱加上人工智能技术。

价格差异化：小米一直以"性价比最优"为卖点，对于硬件产品，小米通常的定价是用户预期价格的一半。

以上"爆品策略"为小米之家带来了不断增长的客流量和稳定的销售额。

👤 活动二 分析商品销售方法

零售是商品销售的最后一个环节，将商品送到消费者的手中，我们称之为B2C（Business-to-Customer，直接面向消费者销售商品或服务）模式，数字化零售通过B端的硬件、软件、数据，不断改革、创新，产生了很多新的销售方法，满足消费者需求的同时影响消费者的购买习惯。

彼得·德鲁克说："当今企业之间的竞争，不是商品之间的竞争，而是商业模式之间的竞争。"数字化零售的商业模式不仅要考虑消费者画像和商品定位，还要有对销售方法的思考。在商品的零售链中，零售商不能仅仅面对消费者，同时要关注整条商品供应链，利用科技、数据优化形成高效、智能、简洁的供销链。

（一）会员制连锁仓储超市

会员制连锁仓储超市秉持服务至上、让利给消费者的理念。会员制意味着企业与会员之间建立了契约关系，企业通过收取会员费，成为替会员及其家庭挑选商品的买手，持续满足会员优质低价的精选消费需求。

会员制连锁仓储超市致力于为会员提供价格合理的优质品牌商品，提供多样化的优选商品，设有便利性特殊部门，提供会员专属服务，只为让会员有便捷、舒心的购物体验。同时，它们拥有线上官网、微信公众号及购物 App，以尽可能低的价格为会员提供高品质的商品和服务。

会员制连锁仓储超市的商品特点如下。

1. 全品类，竞品少

会员制连锁仓储超市的商品品类非常丰富，从家电到 3C 产品、衣服、零食、生鲜食品等应有尽有。但是同一品类的商品给消费者的选择不多，通常为两三种，一般是市面上性价比最高的。

2. 低价格，大包装

大容量的商品包装是会员制连锁仓储超市降低成本的主要措施。会员制连锁仓储超市像是一个巨大的货物仓库，里面所有的商品都是大容量包装的，且所有商品采购进来直接上货架进行销售，无须花更多的时间进行商品拆分和整理，从而大大降低了销售成本。会员制连锁仓储超市合作的供应商必须以最低价供货。商品的低毛利率与大批量商品采购降低了商品的库存和运营成本，使商品持续保持价格竞争力。自有品牌可以提供价格低廉且品质良好的商品，有助于降低成本，并且通常自有品牌商品的利润也高于从供应商处采购的商品。

3. 会员制营销模式

会员制可以精准定位目标消费者，将目标消费者锁定在一定的消费群体中，让"是否愿意支出会员费"成为区分消费者购买力的标准。会员制连锁仓储超市在会员费门槛之上，圈定较为精准的消费群体，这也使得对会员的数据监测更简单，有助于提高服务水平和运营效率。此外，会员制有利于提高消费者的忠诚度。在同等价格和质量水平下，消费者往往会因前期的会员费成本而优先考虑自己办理了会员的品牌，让自己的会员费物有所值。在良性循环中，消费者更加认可已选择的品牌，并保持着较强的黏性。并且，提高会员的续订率能为会员制连锁仓储超市带来稳定的收入。

（二）日用品连锁零售店

日用品连锁零售店的商品特点如下。

1. 高颜值、高品质、低价格

日用品连锁零售店在商品原创设计方面，确保商品兼具美观和实用的双重特性，让商品贴近生活，并且从视觉上为消费者打造舒适的购物体验；在商品价格方面，坚持低毛利定价，通过增加商品采购额，让供应商愿意以较低的价格供货。随着店铺数量的增加与采购规模的扩大，成本进一步降低，形成良性循环。商品售价低，消费群体的购买目的性不强，他们多是随机购买，基于这些特征，店铺主要选在人流量大的位置。当高颜值、高品质、低价格的商品与装修精致的店铺组合在一起，大多数进店的消费者会产生随机消费。

2. "高频上新"的商品

由于消费者随机购买，如果店铺的商品长期不进行更新，便很难吸引消费者持续进店，只有商品"高频上新"，才能让消费者每次进店都有新鲜感，这样才能刺激消费者反复进入店铺消费，保持持续的人流量与交易量。"高频上新"首先依托于规模优势与领先的品牌优势。其次要将"互联网+"和大数据引入管理模式，运用互联网信息技术对大数据进行分析，做到针对消费者精准开发，适时调整经营策略，及时对采购内容及项目进行评估。使用"小前台、大后台"的运作模式，将店铺运营成本降到最低，实现效益最大化。

（三）社区零售便利店

社区零售便利店面积为 50～200 平方米，定位于服务社区，选址距离居民社区或公共场所 100～500 米。大电商平台通过提供渠道解决方案、上游供应链及打通线上线下渠道的运营模式，为社区零售便利店提供技术、数据支持。例如，天猫小店基于阿里巴巴平台的大数据，利用创新渠道、扩充场景、重组链路等方式重构人、货、场。天猫小店在进货渠道上通过零售通与传统经销商结合的方式，使被改造的小店在保持与经销商合作的关系上引入新的供货平台。社区零售便利店的特点如下。

1. 建店标准化

大电商平台在 1 000 米范围内对人流、年龄结构等进行分析，社区零售便利店在平台大数据的帮助下做出合理选址决策，建店过程中接受平台提供的包括装修方案设计、货架布局、商品品类规划等在内的一站式服务。

2. 营销精准化

平台会根据社区零售便利店周边消费者的构成、店铺规模、营销能力等，计算出什么样的商品最适合这家店售卖，并为其量身定制营销活动。

3. 前端服务智能化

社区零售便利店致力于打造一个智能服务社区，除了销售商品之外还能提供更多服务，实现引流的作用。未来，社区零售便利店既是一个超市，又是一个旅行社，甚至是一个社区银行。例如，合适的天猫小店会接入飞猪旅行、阿里彩票等服务，以满足消费者更多需求。

活动三　确立数字化商品运营模式

在数字化系统对新零售不断渗透的背景下，实体零售呈现出无边界跨界、多场景融合，品牌社群化、客户私域化，导购数字化、全时空在线等特征。智慧门店数字化运营模式如图 5-3 所示。

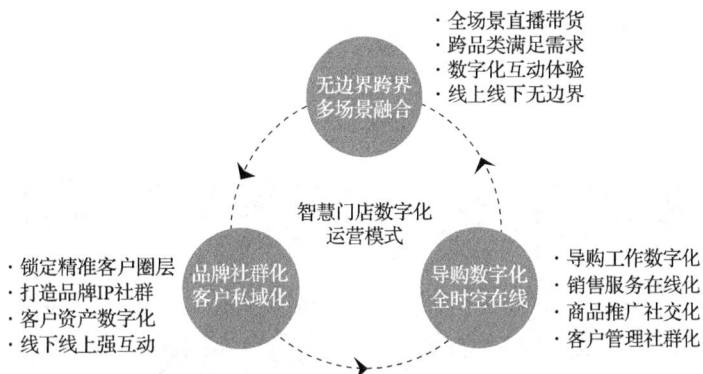

图5-3　智慧门店数字化运营模式

咨询机构科尔尼发布的调研报告显示，在某连锁企业线上线下渠道完全割裂的情况下，62% 的客户会在线下体验后，在线上成交。客户的这种购物模式系统性地降低了实体店的销量，对实体店的销售造成了巨大的冲击，同时"展厅现象"削弱了销售人员的角色功能，减少了销售人员实现销售目标的机会。

在传统零售时代，线上与线下的对立关系造成了销售机会的错失、经营信息的堵塞、客户体验的断层、营销资源的浪费等一系列问题。

零售从商品运营转向客户运营，以客户为中心，依托于数据，运营品牌和客户的关系，从而实现整个供应链的贯通和联动。移动互联网、大数据、云计算、物联网等技术的应用，使零售渠道打破时空界限，实现了零售商与客户互联、互通与互动。零售商应将客户融入企业价值链，以技术为支撑，收集、分析与挖掘客户数据，构建以客户为中心的全接触系统，在深度洞察消费特征及需求的基础上重塑客户体验；面向个体客户开展精准营销，提供最有价值的零售服务；通过打造互动化私域运营体系，实现客户全生命周期挖潜、分层运营、行为激励等体系化运营。

（一）无边界跨界、多场景融合

在数字化系统和工具的驱动下，实体连锁企业可以通过智能运营平台和数据平台等的结合，完成线上线下多场景融合。多场景融合跨界零售根据品牌的行业特性，以客户生活方式为中心，提供了"打包式"跨界场景融合解决方案。品牌从单纯卖货变成为客户提供解决生活中某一领域或某一系列问题的方案并实施，为客户提供全面服务，并提供可亲身体验服务的线下中心。多场景融合跨界零售利用大数据、云计算等科技手段，为客户提供衣、食、住、娱的智慧全场景解决方案，全面提升客户的生活品质，以体验、全链路服务、个性化智慧终端，实现集交互、体验、销售、服务于一体的全流程服务，完成线上与线下、体验与服务的多场景融合。

图 5-4 所示为海尔智家体验中心，图 5-5 所示为海尔智家 3D 导视图，它们区别于传统家电、家装和家居门店，是集体验中心、创单中心、培训中心和方案中心于一体的"多场景融合跨界零售中心"。

图5-4　海尔智家体验中心

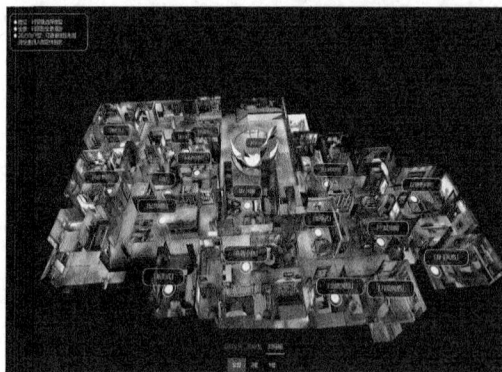

图5-5　海尔智家3D导视图

在近 5 000 平方米的体验中心内，海尔智慧家庭"5+7+N"全场景智慧成套解决方案得以全面展示。对客户来说，海尔智家体验中心的价值不是卖商品，而是卖体验，是海尔"建设一个家、服务一个家、升级一个家"的能力的体现。依托这套体验体系，海尔智家体验中心完成的不仅是销售终端展示方式的全面升级，更是客户智慧生活方式实现能力的全面升级。海尔智家体验中心以客户为中心，实现从电器到场景、生态，再到生活方式的全面升级。海尔智家体验中心完全打破了传统家电家居商品的销售方式，围绕核心客户的家庭生活需求进行跨界组合，是家电家居、全屋整装、私家定制、智慧家庭美好住居生活解决方案提供商，可以实现"一站式筑家"线下场景式的沉浸式体验与线上无差别的互动，实现由满足客户到引导客户消费的转变。

（二）品牌社群化、客户私域化

社群化是品牌增强存量客户黏性的能力，私域化是品牌针对客户数字化运营的基础。实体零售曾经采用粗放型的推销模式，客户离店即失联，几乎没有任何"经营客户关系"的动作。品牌社群化、客户私域化，则更多表现为在线上和线下都需要为客户提供联系、沟通的空间和服务。实体门店不仅仅是销售场景，也可以作为舒适的社交场所，配合品牌主题活动，聚集有共同爱好的人。

"目标客户＋社群营销模式"，精准覆盖核心目标客户。无论是社区还是私域的目标客户，客户与门店的关系不再是简单的买卖关系，客户对品牌有了归属感和认可度。真正的客户私域运营需要更多面对面的沟通交流，需要客户与品牌都付出具体的行动。数字化工具可以帮助品牌与客户建立沟通的渠道和内容，并提高沟通效率。

📋 抛砖引玉

Lululemon 在全球拥有千余位形象大使，通过分散在世界各地的形象大使，精准定位周边的潜在消费者。这些形象大使大多是运动员、瑜伽人士、培训师、音乐家等，具有线下的口碑和社群影响力，为 Lululemon 带来了大量的潜在消费者。通过形象大使的人际关系和社交圈子，Lululemon 形成了低成本和高效的影响力渠道。在社区的建立方面，形象大使为门店设计以及打造社区的方式提供信息和意见。在活动方面，形象大使在线上、线下门店及社区中开展活动并授课。在产品方面，形象大使代表消费者为 Lululemon 提供重要的反馈，并就产品系列进行合作。Lululemon 基于店铺开展社群活动，包含店内和店外两种形式。社群活动会邀请形象大使进行分享，但不局限于形象大使。此外，Lululemon 也会在户外发起大型品牌活动，在不同的地区会有不同主题的活动，如伦敦的热汗节、温哥华的 10 千米跑、北京的"心展中国"瑜伽活动、深圳的夏日乐比赛，每场都是社区伙伴、瑜伽和运动爱好者的大型聚会。这些活动是为了宣扬健康运动的理念，不以"带货"为目的，强化了品牌形象和消费者的归属感。

Lululemon 针对客户的私域化运营则是借助数字化工具——微信课程预约分享小程序来完成的。小程序上展现了 Lululemon 门店不同时间段可以预约的课程，客户可以通过小程序搜索并提前预约课程。

（三）导购数字化、全时空在线

零售始终遵循客户在哪里，导购就在哪里的道理。当微信的日活跃用户数达到 12 亿人且线下流量不稳定的时候，导购业绩增长的主要阵地转移到了线上。由于市场环境发生变化，企业产生需求，"企业微信＋云店＋智慧导购"的组合方案诞生，它完美解决了导购数字化、全时空在线的问题。

传统零售品牌方对导购并没有直接的控制力，因此会出现导购在积累了一定的客户资源后跳槽的现象。如今，将导购和客户都导入企业微信或其他交流平台后，导购的离职不再影响客户的留存，企业的数字化资产也就避免了流失。

未来的导购应该具有在线服务客户、转化客户、裂变客户的能力。对于实体店而言，每一个数字化导购都是一个流量入口，它们共同构建起实体店的私域流量池。导购通过企业微信和云店，进行会员标签补充、需求洞察，开展会员社群运营管理；同时导购自身的工作内容、业绩目标、完成情况在系统中都可以查看，并有详细的数字化分析。

以导购为窗口，对客户进行深度了解后，这种数字化资产也可以成为互动的"接口"。例如，客户在商场买了一台洗衣机，导购用聊天平台继续和他聊天时得知他最近刚买了新房，那么导购可以把冰箱、电视等也推荐给他，这对一名导购来说并不难。但品牌想要通过线上的方式精准触达这种需求，成本是很高的。

导购数字化、全时空在线的本质是希望更好、更快、更有温度地连接客户、服务客户、销售商品。

📗 学以致用

1. 影响商品定位的因素有哪些？
2. 制定数字化选品策略应该考虑哪些因素？

📝 如春在花

随着时代的发展、科技的进步，商品的销售手段、形式、方法越来越丰富，科技与人文的结合带来了零售的创新，因此我们要不断思考零售创新的路径，挖掘零售模式中的创意。

任务二　个性化定制

任务描述

假期李艾被同学邀请去上海玩，同学特意告诉李艾一定要去海底捞吃火锅，李艾很疑惑，海底捞不是哪里都有吗？到上海不是应该吃当地的特色美食吗？傍晚，同学带李艾来到海底捞上海陆家嘴金融城店。从外观上看，这家店与海底捞其他门店差别不大，但走进门店，细心的顾客会注意到，这家门店有一面透明玻璃墙，顾客可以直接观察到后厨全新的"机器人"智能菜品库，机械臂正在有序补菜。这家店还推出了"千人千味DIY锅底，个性化体验再升级"，并由此刮起了一阵DIY锅底风：有顾客加麻加辣，享受爆辣舒爽；有顾客创意十足，在番茄锅里加辣椒，麻辣锅里放枸杞，随心搭配不走寻常路；还有顾客点个清水锅，通过点餐平板自由选择喜欢的配料，天马行空挑战高级DIY，做自己的火锅调味厨师，调制出自己喜欢的、独一无二的锅底。

当商品非常丰富的时候，满足每个人的个性化需求成为商家营销的重点。数字化与零售相结合，是不是可以更好地完成商品个性化定制呢？李艾感觉还有很多知识要学习。

任务实施

👤 活动一　认识C2B商业模式

消费者到企业（Customer to Business，C2B）商业模式是互联网经济时代新的商业模式。这一模式改变了企业和消费者的关系，以消费者需求为核心，企业提供定制化服务。互联网的最大优势在于它可以支撑大规模、社会化、实时化的协作，极大地提高了消费者与企业以及企业与企业之间的协作效率，原来企业与消费者的金字塔结构或链状结构正被压缩在一个平面之上，这使得个性化需求能够越来越直接地触发各企业协同组成的网络。当线性供应链被互联网改造成消费者与企业网状协同的供应链平台时，消费者的个性化需求成为企业制造的原动力，成为商品的价值核心。

与工业时代"大生产＋大零售＋大品牌＋大物流"的体系相对应，基于个性化营销、巨型网络零售平台、柔性化生产以及社会化供应链的高速发展，C2B商业模式有了越来越坚实的技术、网络支撑，成为零售行业发展探索的商业模式。前端，企业将商品"打碎"成很多"模块"供消费者组合，或是吸引消费者参与设计、生产环节；内部，企业提升组织能力，以个性化定制方式服务于海量消费者；后端，企业积极调整供应链，使之具备更强的柔性特征。柔性生产是富有弹性和灵活性的生产方式，精益生产即是柔性生产精髓的表现。柔性生产建立在柔性制造的基础上，它以市场为导向，按需生产，能够增强企业的灵活性和应变能力，提高生产效率，缩短生产周期，帮助企业适应多变的市场需求和激烈的市场竞争，具有强大的生命力。实现数据驱动的个性化需求分析、数据驱动的前端设计和数据驱动的后端运营，建立柔性生产成为典型的C2B商业模式。

C2B商业模式的构成要素是基于商品本身特点、商品解决方案和消费者个性化需求信息而构成的大数据资源，构成要素是 C2B 商业模式的核心。目标消费者已经从群体变为个体，以消费者的个性化需求为商业战略和运营管理活动的导向，商品的价值主张是满足消费者个性化需求、提供定制化解决方案。商品定制化过程中，形成了相对封闭的价值网络，包括提供个性化定制技术的软件，打通 C2B 商业模式的互联网平台等。在企业的创收逻辑中，一方面，企业通过销售定制化的解决方案及配套商品获得收入；另一方面，数据驱动的运营流程提高了生产效率，彻底消除了库存，从而极大地降低了生产及运营成本。

活动二　了解C2B商业模式的主要特征

C2B 商业模式主要具有如下特征。

（1）消费者驱动。工业时代的 B2C 商业模式以企业为中心，而信息时代的 C2B 商业模式以消费者为中心。

（2）以定制方式创造独特价值。定制，意味着消费者不同程度、不同环节上的参与，在供过于求的时代将创造出仅属于消费者的独特的体验价值。

（3）网络化的社会协作。个性化定制必须能够实现大规模、实时化、社会化的网状协作。

（4）基于互联网和云计算平台。云计算平台是信息时代最具代表性的商业基础设施。在 C2B 商业模式下，企业需要基于互联网和云计算平台快速实现收集消费者需求，完成商品个性化定制。

抛砖引玉

尚品宅配 C2B 商业模式

1. 大数据资源及云设计能力

经过积累，尚品宅配已经建立了三大数据库，分别是"房型库""产品库""解决方案库"。其"房型库"可以覆盖全国 80% 的户型，"解决方案库"包含百万个方案。同时，在企业生产和营销过程中所产生的关于生产运营和消费者个性化需求的大量数据资源，仍在源源不断地充实着数据库。依托庞大的数据资源，结合强大的软件技术，尚品宅配解决了家具个性化定制中非标准化设计问题，具备了基于大数据的云设计能力，从而形成了核心竞争力。

2. 柔性生产系统背后的信息化

尚品宅配解决了定制化前端的个性化设计问题，而后端的大规模生产环节则需要柔性生产系统解决。尚品宅配应用信息技术及自主设计的软件，对传统的生产流程进行了改造，实现了由信息指令指导生产。通过柔性生产系统，尚品宅配的日生产能力成倍提高，材料利用率提高到了 90% 以上，出错率下降到 1% 以下，交货周期缩短到 10 天，从而打破了个性化定制与大规模生产之间的屏障。

学以致用

1. C2B 商业模式的主要特征是什么？
2. 说一说生活中遇到的 C2B 商业模式。
3. 具有哪些特征的企业适合采用 C2B 商业模式？

如春在花

C2B 商业模式的实现需要大量数据、完善的信息化管理平台及企业间的高度协同发展。当前，人工智能、物联网、大数据、移动支付等数字技术的发展以及移动互联网渗透率的提高，促进了消费者行为的改变，这使得零售业开始思考用新的商业模式和流程去适应这种改变，通过数字技术的创新应用，不断优化流程，提升消费者体验，提高企业效率。我国零售行业以及相关企业正加速进行数字化升级，向全场景、全渠道、智能化的零售转型，可以说，社会正进入数字化时代。因此，我们要不断学习、思考，以适应岗位需求，具备社会责任感和历史使命感，更深入地思考作为一个社会人的责任与使命，发挥具有责任担当的时代精神。

任务三　数字化供应链+数字化门店

任务描述

经过一段时间的学习，李艾对数字化零售运营已经有了一定认识，经过调研，李艾决定以"苏宁零售"为案例进行数字化零售运营的研究。目前，苏宁的零售场景已经覆盖从线上到线下，从城市到县镇郊区，从核心商圈到社区，从综合广场到商超，以及家电 3C、生活服务、内容服务等几乎所有品类和场景。2019 年"双 11"，苏宁推出"场景零售"战略，全力打造线上线下融合的"1 小时场景生活圈"，从购物、服务、娱乐及内容、社交等角度解决日趋近场化的消费需求，在 1 小时内解决生活中所有的场景痛点，满足了客户对于便利、价优、新鲜、多样化的需求，做到了省时、省心、省力、省钱，真正提升了客户的服务体验。苏宁基于平台上的 6 亿名会员、数万家平台商户、数以千万计的商品品类及线下的 1 万多家智慧零售门店等资源和场景，已经建立了完善的行业大数据系统。基于数据资源对生产制造的驱动与引领，苏宁打造了 C2M（消费者直达工厂）智能制造产业集团，服务于实业智能制造升级，目前已形成近千亿元的规模。通过共享数据资源，苏宁协同制造企业推动供给侧结构性改革，扶持有创新力、创造力的品牌制造企业，从消费端助力我国智能制造创新发展。

任务实施

数字化的影响几乎遍及所有行业。在零售业，数字化往往从后勤部门的大数据和分析开始，涉及诸如客户细分、销售预测和供应链优化等流程。这些流程在面向客户的活动中都担负重任。随着智能设备的不断普及，数字化对零售商的影响力不断增强。数字世界可以通过多种方式和实体世界联结：在在线订单追踪、供应链和库存管理中，引入自动驾驶工具、3D 打印机、理货机器人和无线射频识别（Radio Frequency Identification，RFID）标签等智能设备录入、管理商品零售的全过程。

数字化需求不仅仅只有供给端及运营业务的改变，还包括提升客户体验及形成全渠道购物过程。因此，零售企业不仅要进行数字化软件升级，还要以数字化工具覆盖线上和线下，创造出智能、数字、互联的体验性过程，并提供与之匹配的商品、店铺和服务。例如，现在实体店铺可以通过分析实时视频图像判断结账队伍是否过长，并在需要时从仓库调人帮助收银和装货，以减少客户等待时间。数字化供应链＋数字化门店如图 5-6 所示。

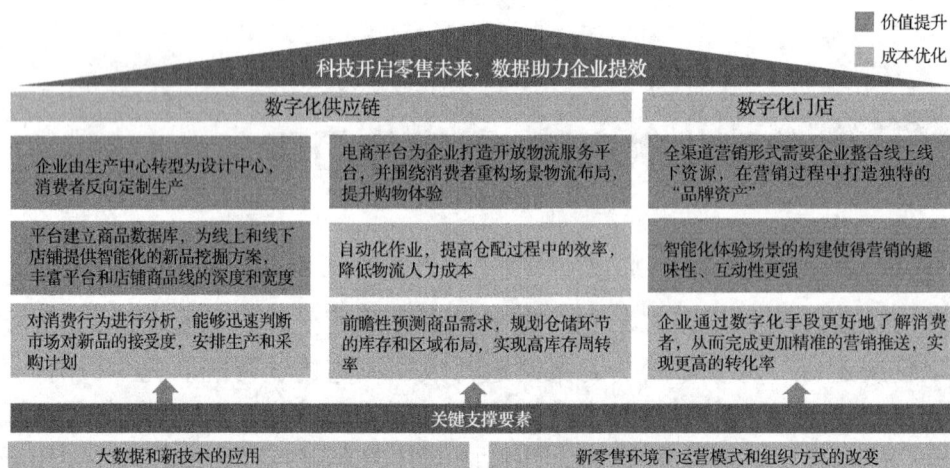

			价值提升
			成本优化

科技开启零售未来，数据助力企业提效

数字化供应链		数字化门店
企业由生产中心转型为设计中心，消费者反向定制生产	电商平台为企业打造开放物流服务平台，并围绕消费者重构场景物流布局，提升购物体验	全渠道营销形式需要企业整合线上线下资源，在营销过程中打造独特的"品牌资产"
平台建立商品数据库，为线上和线下店铺提供智能化的新品挖掘方案，丰富平台和店铺商品线的深度和宽度	自动化作业，提高仓配过程中的效率，降低物流人力成本	智能化体验场景的构建使得营销的趣味性、互动性更强
对消费行为进行分析，能够迅速判断市场对新品的接受度，安排生产和采购计划	前瞻性预测商品需求，规划仓储环节的库存和区域布局，实现高库存周转率	企业通过数字化手段更好地了解消费者，从而完成更加精准的营销推送，实现更高的转化率

关键支撑要素

大数据和新技术的应用	新零售环境下运营模式和组织方式的改变

图5-6 数字化供应链+数字化门店

对零售企业来说，提升客户体验以及关注客户购物过程尤为重要。购物过程包括从客户意识到需求、评估、产生购买意向到下单、支付、送货、安装、维修等流程。全渠道化和购物过程与数字化相伴而生，所有的客户购物过程和接触点都可能是相互影响的，因此零售企业需要实时整合客户、订单和商品信息，也需要支持系统、流程、商品和库存、定价、促销等服务。

零售企业必须获取客户相关数据，制定方案，为客户提供最优质的服务。为了能为客户做出个性化和场景化的推荐，企业需要将各式各样的数据和单个客户联系起来，将客户和企业的交易关系变为长期关系。如今，注册设备、信标技术和面部识别技术能帮助企业识别出每位客户，这意味着零售企业能够获取丰富的客户数据。企业应将这些数据与家庭、个人及生活习惯匹配起来，再从数据中分析出客户的需求，理解客户的目标、意图，制定出有效的针对客户具体需求的方案。

通过对全部客户数据进行汇总分析，为每位客户做出个性化推荐，从而减少粗制滥造，提供匹配度更高的商品和服务。企业对客户理解程度的加深有利于企业为客户提供更好的个性化、定制化和场景化的商品、服务和解决方案。这将全面改善客户体验，为品牌带来更多忠诚的客户，提高商品的购买量和复购率。

👤 活动一　实现数字化供应链

数字化供应链指供应链管理服务的数字化，也就是对供应链数据采用即时收集、分析、反馈、预测、协同等干预方式，将庞杂交错的供应链运营及信息流进行数据化后并行处理，以达到提前决策、提高效率、节省成本、控制风险的目的。

随着电商的兴起，我国的商业业态已经发生了巨大的变化。人、货、场三要素正在进行全面的重构和升级，各大商业企业面临着多方面的挑战，包括：消费者需求分散导致的订单碎片化、商品定制化给生产端带来了成本压力，需求预测难和供应链敏捷性差；线上线下物流体系分立，带来了诸多的额外成本；消费者对时效的要求逐步提高，前置仓、门店仓等大量新模式涌现，增加了企业运营的难度和成本等。

而数字化供应链凭借"供应链管理 + 数字化"，能够妥善地解决上述难题。数字化供应链系统如图 5-7 所示。

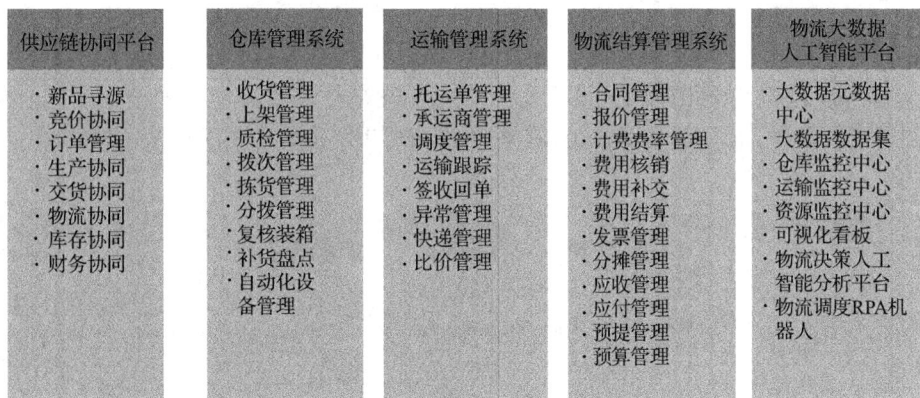

供应链协同平台	仓库管理系统	运输管理系统	物流结算管理系统	物流大数据人工智能平台
·新品寻源 ·竞价协同 ·订单管理 ·生产协同 ·交货协同 ·物流协同 ·库存协同 ·财务协同	·收货管理 ·上架管理 ·质检管理 ·拨次管理 ·拣货管理 ·分拨管理 ·复核装箱 ·补货盘点 ·自动化设备管理	·托运单管理 ·承运商管理 ·调度管理 ·运输跟踪 ·签收回单 ·异常管理 ·快递管理 ·比价管理	·合同管理 ·报价管理 ·计费费率管理 ·费用核销 ·费用补交 ·费用结算 ·发票管理 ·分摊管理 ·应收管理 ·应付管理 ·预提管理 ·预算管理	·大数据元数据中心 ·大数据数据集 ·仓库监控中心 ·运输监控中心 ·资源监控中心 ·可视化看板 ·物流决策人工智能分析平台 ·物流调度RPA机器人

图5-7　数字化供应链系统

2022 年，国家发展和改革委员会发布的《发展数字化供应链 推动居民消费升级》中提到，在大数据时代，人们的消费标准提高了，人们对商品质量的判断力也越来越强，消费升级的速度越来越快。数字化供应链具备融合创新、生态链接和柔性定制三大特性，对培育我国经济发展新动能、拓展经济发展新空间以及促进居民消费升级有重要意义。可以说，谁在供应链上有优势，谁就能在竞争中占得先机。为此，企业应着力提升供应链自主可控能力和数字化全球化组织协同能力，重点打造安全可控、开放多元、富有创新性的数字化供应链韧性体系。

首先，构建数字化供应链核心技术体系，加快研发引领全球的新一代供应链技术。加强 5G 技术的推广和应用，并推进区块链、云计算、大数据、移动互联网等新技术的研发，形成以 5G 为载体，以物联网为基础，以"数据＋算力＋算法"为核心的新型供应链技术支撑体系。

其次，加快建立引领全球的数字化供应链管理标准。加快推动云计算、大数据等数字化新技术在供应链领域应用的标准化研究，构建统一的新技术应用规范。充分利用供应链相关的国际权威组织，加强中国供应链标准化体系输出，加快供应链标准在全球范围内的扩散和互联互通。

最后，加强数字化供应链技术安全保障体系建设。完善集网络安全、态势感知、实时监测、通报预警、应急处置、信息安全等级保护于一体的供应链综合体系。在国家层面建立数据的统一标准，推动不同行业、不同部门数据的共享，平衡好数据开放应用过程中的隐私保护和数据安全，降低数据开发利用的综合成本。

供应链数字化的核心服务价值包括信息流供应链数字化、物流供应链数字化、资金流供应链数字化。

现代供应链管理中，商流、信息流与资金流在电子工具和网络通信技术的支持下，均可轻松实现基于互联网的交互信息管理，而物流是物质资料的空间位移，无法直接通过互联网进行传输。因此，全链条智慧物流服务必然需要智能硬件设施作为基础支撑，其核心价值有两点：第一，通过无人车、无人机、智能机器人等各类智能硬件，实现运输、仓储、配送等全环节自动化作业，降本增效；第二，通过物流供应链各要素的物联网化，实现全程可视与信息集成共享，进而实现全链互联网化与数字化。图 5-8 所示为智能硬件设施与数字化供应链协作。

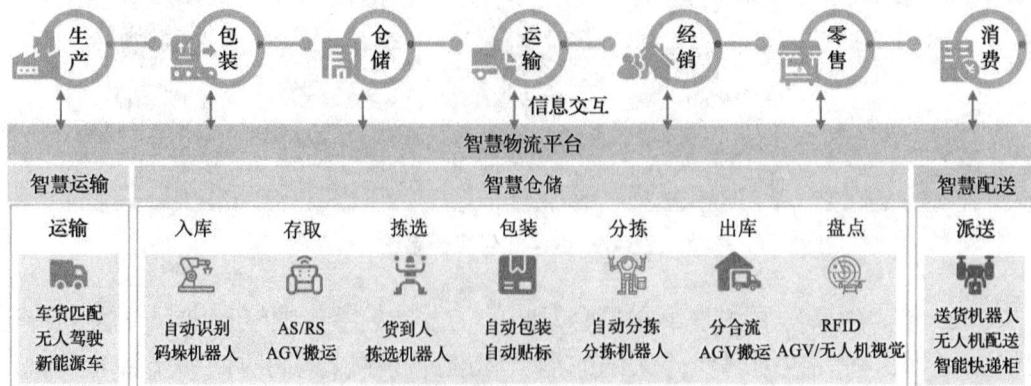

图5-8　智能硬件设施与数字化供应链协作

抛砖引玉

京东从运营物流、数字化物流向智能生态物流演进，构建数智技术驱动的一体化供应链物流服务。京东物流主要聚焦于快消、服装、家电家具、3C、汽车、生鲜等六大行业，为客户提供一体化供应链解决方案和物流服务，帮助客户优化存货管理、减少运营成本、高效分配内部资源，以实现新的增长。同时，京东物流将长期积累的解决方案、产品和能力模块化，以更加灵活、可调用与组合的方式，满足不同行业的中小客户需求。

2019年11月12日凌晨，各大电商平台陆续晒出了2019年的"双11"成绩单。京东全天累计下单金额超过2 044亿元，较2018年同期增长了近28%；天猫全天成交额实现了超过25%的同比增长，创造了新的销售纪录。对消费者而言，这是一次年度的消费盛宴，但对整个物流供应链而言，无异于一场年度大考——据国家邮政局统计，2019年"双11"全天，各邮政、快递企业共处理5.35亿件快递，接近2015年同期的4倍。值得关注的是，在"双11"配送压力逐年递增的同时，履约时效却在逐年改善。以京东为例，90%的区县在2019年"双11"实现了24小时达，需求峰值的冲击并没有拖慢交付，图5-9所示为京东亚洲一号智能仓库。以顺丰、菜鸟等为代表的第三方、第四方物流及快递企业也纷纷交出了令人满意的答卷。这些令人满意的答卷的背后，是供应链的创新与升级。例如，基于"大数据＋人工智能"的精准需求预测，顺丰推出了"极效前置"的创新，提前将商品放置到离消费者较近的场所。当消费者在"双11"零点过后支付完尾款，顺丰小哥就能以最快的速度将商品送到消费者家门口。类似的做法也在京东、菜鸟等的仓储网络中得到应用（如在前置仓、门店仓、配送站等节点进行基于预测的提前备货），保障了"双11"凌晨支付尾款的订单以及大量"爆款"的第一时间送达。在拣货和发货环节，京东物流的14座亚洲一号智能仓库、菜鸟位于无锡的新一代智能仓、顺丰在深圳的一次转运中心等都已经实现了全自动的拣货和发货。在这些智能仓库中，不同类型的机器人和自动化装备在人工智能系统的调度下高效协同作业，通过仓配一体化运作，实现发货能力的极大提升。在末端配送环节，物流企业通过各类模型和算法来进行车辆的路径优化，实现降本和增效。

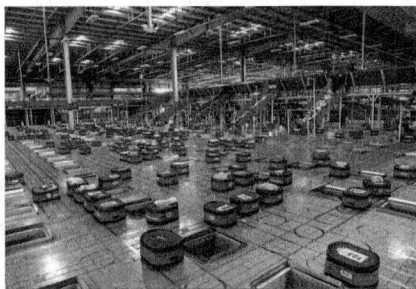

图5-9 京东亚洲一号智能仓库

物流只是供应链的一个环节，电商也只是供应链的一个场景，如果我们进一步去看线下零售，看消费者流通，看上游生产和采购，就会发现在这个数字化时代，供应链创新的重要性与日俱增。

积极利用大数据、智能化软件和物联网硬件等先进技术，结合消费者需求，制定创新的数字化供应链解决方案，成为零售业数字化供应链转型发展的必由之路。

（一）数字化供应链面临的挑战

零售业的需求端和供给端都在不断发生变化。需求端主要是消费场景的演变。在传统的流通模式下，商品一般是由生产商转到经销商，然后经过多次分销，通过百货商店、商超等零售终端，最终到达消费者。这种层层分销的体系已存在几十年，背后形成了固定的供应链体系和物流模式。随着电商的兴起，以及社区团购等新消费场景的出现，层层分销的体系发生变化，企业需要越来越多地直面个人消费者。企业由面对经销商转为直接面对消费者，供应链模式必然随之转型。

随着数字化对消费架构的渗透，大部分企业会面临线上线下融合打通的问题，如鞋服、快消、生鲜等品类。如果线上与线下的系统、数据等是分立的，则企业很难对库存等信息进行准确掌握，也很难使物流高效运转。数字化零售变革使整个物流供应链体系发生变化。

在供给端，大量新技术的出现加速了零售供应链的数字化转变。无论是传统的电商平台，还是移动互联网、大数据技术、仓储自动化设备的应用，都能使企业更好地对供应链需求进行预测和规划，将线上线下数据打通。

需求端带来了变革的机会，供给端提供了新的技术和管理模式，两者结合促成了零售业供应链向数字化转型的趋势。未来 5～10 年，随着数字化供应链体系逐步完善，我国物流行业的整体发展水平将迈上一个新的台阶。

供应链数字化转型可从 3 个维度展开。首先是物流环节，供应链架构更加柔性化、扁平化，日益连接的物流设施使得存储仓的分级结构变得模糊，极快时效、快时效、一般时效及慢时效均结合相应水平的增值服务，以满足不同消费者的需求。其次是数据的采集、使用和对未来需求的评估。随着与互联网的交互结合，供应链的各个环节会产生海量数据，企业需要思考如何更好地利用有价值的数据，为企业生产和消费者购物的各个环节提供服务。例如：使企业内部的数据更加透明化，利用数据对消费者需求进行预测；不同流通渠道之间实现数据共享，从而为企业的库存备货提供服务；跨企业实体之间数据逐渐打通，形成共享与交易机制。最后是相关技术和设备的升级。为了更好地适应供应链数字化的变革，企业需要从整个技术和设备方面与之匹配。例如，零售和物流企业需要引入自动化仓储系统，从而与上下游企业更好地进行数据和流程衔接。

随着电商的兴起，零售业数字化供应链正在形成。贝恩公司发布的《零售新变革下的数字化供应链》报告中也明确指出，零售业数字化供应链面临着多方挑战，如图 5-10 所示。

零售新变革的要求	供应链调整方向	带来的供应链痛点
需求多样化，SKU变多，且商品生命周期变短	传统的大规模生产、大批量配货被小批量、高频次订单模式取代	需求预测难度加大，流通通路、仓库库存控制难
消费者缺乏耐心，对缺货容忍度降低		线上线下融合要求供应链反应更加敏捷，分立的物流体系导致计划难度增加，成本大幅上升
消费者对"时效"的要求持续提高	仓库布局越来越贴近终端消费者，而前置仓/门店仓等新模式纷纷涌现，以便灵活快速反应	前置仓/门店仓等仓库模式涌现，供应链网络布局（尤其是仓库布点）难度加大
线上线下融合趋势加剧，由固定场所延伸到泛零售、多元化场景		干线及城配（尤其是到前置仓/门店仓等）物流成本上升
消费者对"便捷"要求持续提高	送货入户成为普遍要求	"最后一公里"配送成本上升，如O2O、重货入户等
互联网渗透加深使得传统经销商份额逐渐被电商平台取代	电商直接对接零售门店，供应链环节被压缩	到零售门店的配送成本居高不下

（来源：贝恩公司《零售新变革下的数字化供应链》）

图5-10　零售业数字化供应链面临的挑战

研究显示，消费者需求分散导致的订单碎片化、商品定制化给生产端带来了大量压力。过去消费者需求相对单一，因此规模化、批量生产的方式在传统品牌商中占据主要地位，随着消费者需求逐渐"个性化"，商品生命周期急剧缩短，导致预测、库存控制等都面临巨大挑战。

企业内外部数据可见度低是导致需求预测难和供应链敏捷性差的关键原因。首先，很多传统零售商采用层层分销的方式，除了部分大型经销商外，次级经销商及门店的数据并不可见。其次，许多企业内部不同渠道、不同区域间的数据也尚未打通，无法做到全局协同。最后，线上线下分开的物流体系带来了诸多额外成本。这些使零售企业面临挑战。目前的预测及备货多参照历史同期表现，缺乏对外部信息的合理整合，并且数据分析大多由人工完成，面对大幅增加的 SKU 数和订单频次，"分析师人手不足、分析深度不够"的局面频频出现。

随着消费者对"时效"的要求逐步提升，供应链长度也随之不断缩短，仓库布局越来越贴近终端，由此涌现了前置仓、门店仓等大量新模式。但此类前置仓有限的容量增加了运营的难度和成本，渠道融合和订单碎片化也对传统仓储的管理提出了挑战。

生产端的碎片化及仓储前置的迅速扩张都增加了干线及城配物流的复杂性。面向终端的覆盖和配送要求持续提升，终端覆盖由原先的城市级深入区县、乡镇，同时当日达、次日达在业务中的比例显著提高。为了配合时效要求，各商家纷纷调整仓库布局，更多地接近终端消费者，以提升服务体验。

（二）数字化供应链的创新解决方案

在零售业数字化供应链转型过程中，企业首先要明白自身所面临的挑战，其次积极利用大数据、智能化软件和物联网硬件等先进技术，结合消费者需求，制定创新的数字化供应链解决方案。贝恩公司在报告中对零售业数字化供应链面临的痛点提出了可能的解决方案，如图 5-11 所示。

供应链调整方向	带来的供应链痛点	新的数字化解决方案
传统的大规模生产、大批量配货被小批量、高频次订单模式取代	需求预测难度加大，流通通路、仓库库存控制难	基于消费大数据的精准需求分析与预测，针对企业物流提出整体解决方案
	线上线下融合要求供应链反应更加敏捷，分立的物流体系导致计划难度增加	线上线下一体化仓配，物流一体化服务
仓库布局越来越贴近终端消费者，而前置仓/门店仓等新模式纷纷涌现，以便灵活快速供应	前置仓/门店仓等仓库模式涌现，供应链网络布局（尤其仓库布点）难度加大	基于数据驱动的仓储分拨网络布局设计和规划
	干线及城配（尤其是到前置仓/门店仓等）物流成本上升	①城市配送整体调度优化平台 ②无人驾驶、无人机的资源技术
送货入户成为普遍要求	"最后一公里"配送成本上升，如O2O、重货入户等	①智能调度系统 ②利用众包模式
电商直接对接零售门店，供应链环节被压缩	到零售门店的配送成本居高不下	①集中调配仓储资源，充分共享以提高效率 ②提高订单量

（来源：贝恩公司《零售新变革下的数字化供应链》）

图5-11　零售业数字化供应链面临的痛点及解决方案

典型的预测分析分为原始数据积累、数据质量提升（增强分析）和智能决策 3 个阶段。首先，企业应当贴合自身运营状况在关键环节加强监控，提高数据的掌握程度；同时通过内外部分享协同，实现关键系统的打通整合。拥有足够的数据量后，企业需要排除数据缺失并建立统一标准，以提升数据质量，提高数据利用率。在最后的决策阶段企业则需要积极引入大数据、人工智能等新技术，采取最优算法最大化预测效果。

针对需求预测难，企业应综合采取数据系统建设、预测算法优化、分析能力提升及定制化生产等方式。在数据系统建设方面，企业通过数据标准化和系统整合对接，保障企业内部数据流通并提高不同企业实体间的数据协同度；同时，在终端通过先进设备加强数据沉淀，更多地了解消费者的购买行为及购买偏好。以全家便利店为例，其通过会员卡、POS 数据结合人脸识别账户绑定等技术成功获取消费者深度洞察结果，并以此为基础，助力门店选址及店内选品，提高预测准确度，降低店内商品报废率。

除提升数据完整性、打通端到端数据外，引入大数据、机器学习等先进的预测方式也可以大幅度提高预测的准确度。以国外领先的数据预测独角兽机构 Prevedere 为例，其综合内部销售、库存信息与外部气候、经济指数、价格指数等信息，运用大数据及云平台挖掘相关性，协助数家领先零售及消费品企业大幅度提升预测准确性。此外，企业还需要持续培养专业化供应链分析预测团队，并通过持续学习构建系统的预测方法论，从根本的能力建设上进行提升。

随着大量消费品企业线上销售比例的迅速提高，部分线下零售通路与端到端物流解决方案有显著的协同作用，这在品牌企业拥有或掌控较高比例的线下通路的库存及物流的情况下表现得更加明显。

在数据驱动下优化供应链网络布局。企业供应链的仓库建设及配送路线选择逐渐步入稳健期，因此整体网络的资源分配存在较大提升空间。物流网络的优化需要立足企业战略，结合商品组合、市场需求、库存控制、仓库容积、运输成本、人工成本、采购成本等的输入，同时在结果上兼顾物流效能、成本控制、反应速度、营运资金管理等。

同时，在跨仓管理及店仓合一方面，国内以便利蜂为代表的新型创业企业通过与仓储管理系统、企业资源计划系统联通的互联网平台打通总仓、前置仓、门店及货柜，实现高度精准的库存实时监测，并开发面向供应商的自动订货补货系统，以大幅度减少对人力的依赖。此外，结合终端数据反馈，通过支付端口及会员购买数据精准构建消费者画像，以指导不同地区的前置仓选品，在前置仓 SKU 数目仅为门店 1/10 的情况下，仍然保证低至 10% 的缺货率。

随着物流运输的复杂度越来越高，传统简单的手工或者手工加简单调度体系的方式已经难以满足物流需求。利用大数据驱动的智能调度及规划系统来优化车辆运行时刻、路线及配载的规划是提高运输尤其是城配运输效率的必由之路，且效益巨大。

人工智能及自动驾驶技术的迅速发展将给运输体系带来颠覆性的影响。以"最后一公里"为例，相比传统配送，自动驾驶的配送效率将提高两倍。就短途而言，自动驾驶的配送效率将提高 50% 以上，并且能够全天运营。

相比抢单模式和人工调度，系统能够有效地对派单和路径进行优化。例如：美团通过大数据及动态算法与智能硬件在最适当的时间和地点自动向配送员推送订单并实时导航，进行路况播报并提醒安全驾驶；盒马鲜生通过集单率优化模拟筛选出最适合派送的单量；自提柜等终端自提设备通过对终端配送点的汇集，缩短配送员的等待时间及末端配送距离。

电商平台在数据化方面具有优势，通过与组织化的高效物流商合作，将物流配送服务外包并实现统一调配，降低车辆闲置和空驶比例。

零售企业需要借助数字化新兴技术，实现零售业务模式的颠覆式重构和智慧零售转型。步步高集团近年来一直在推进供应链改革和数字化转型。在商品数字化和客户数字化基础上，步步高已实现了运营数字化，围绕客户需求来提高供应链效率，通过步步高 Better 购小程序、自助收银、人脸识别等方式，使集团"O+O"的智慧零售模式初见成效。目前，步步高数字化运营门店达 300 余家，生鲜供应链变革已基本将供应链全链条环节打通。

家乐福中国自 2019 年 9 月被苏宁收购后，也在进行一系列尝试。经过整合，家乐福中国和苏宁双方的数字化改造已经基本完成。将家乐福中国的商品体系跟苏宁的商品体系打通，是苏宁改造家乐福中国的重要一步。针对商品同质化问题，家乐福中国通过线上大数据分析精简商品品类，选取 2 000 个热门单品，线下通过情景化的陈列出样，打造年轻时尚个性化的标签，同时将其延伸到依托苏宁、家乐福中国已有的家乐福小程序、苏宁易购 App 等线上渠道，强化离店销售新场景。在商品端，家乐福中国供应链接入苏宁小店，供应商同时向家乐福中国和苏宁小店供货，苏宁小店将增加 3 万多种商品，极大地扩充 SKU 种类，有效提高商品满足率，家乐福中国成为苏宁线上超市和苏宁小店的"大后方"。在数字化升级后，家乐福中国与苏宁易购 App、苏宁小店统一成一个供应链体系，将采购、仓配、物流等统一管控并实现日配，提高供应链效率。对苏宁小店的供应链开放只是第一步，家乐福中国还将规划上线苏宁快消品的零售云开放系统。零售云从原来的电器，拓展融合家乐福中国的供应链。

作为 2016 年成立的连锁便利店品牌，便利蜂借助互联网技术，依靠数字化管理，不仅解决了人力成本问题，而且通过数字化管理提高了便利店的整体效率，具体包括：对便利店的各管理环节进行数字化采集，再通过算法分析进行运营指导；通过大数据进行店面选址，且自动进行店铺设计、货架设计、展示设计；根据消费者大数据进行智能选品，直接给出采购、展示、上架等指导；从大数据中预测消费趋势，从庞大的商品库中寻找符合门店的商品；根据商品的消费情况和库存情况，自动进行价格调整……便利蜂通过将大数据、人工智能、算法算力应用在便利店产业链，使企业的整体运营效率得到了极大提高。

活动二　拓展门店数字化

数字化零售以大数据、物联网、人工智能等新兴技术为驱动，应用直播、社交营销、无接触配送等新模式，以满足用户全方位需求的购物场景为核心，将线上线下的人、货、场三要素重构。

到家业务满足了用户的日常需求，也进一步培养了用户线上购物的习惯，使得用户规模迅速增长，激发了商超零售全渠道数字化改造。

大数据的发展使大量零售企业开启数字化转型，社区团购、前置仓生鲜等新兴业态的快速崛起，使零售企业加快数字化转型。零售企业抓住机遇，一方面积极进行商业扩张，广开门店，以加速复制全渠道数字化的成功经验，积极探索新业态；另一方面，在商品、配送、服务等方面优化用户体验，增强用户黏性，完成图 5-12 所示的数字化零售运营综合平台的搭建。

数字化是变革的主要动力，数字化升级已成为当下多数零售企业面临的挑战和机遇。

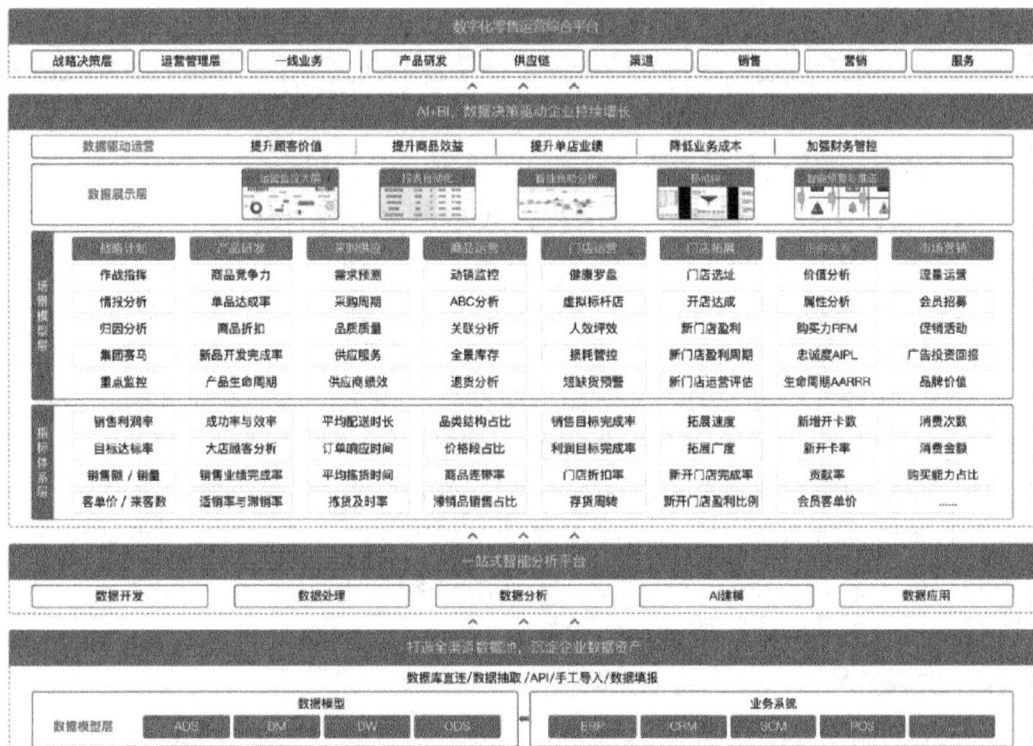

图5-12　数字化零售运营综合平台

（一）极致用户体验驱动零售企业数字化转型

极致用户体验的本质是提供超出用户预期的价值。目前，市场环境从供不应求向供大于求转变，业务增长从来自增量用户向来自存量用户转变，并且信息化时代的传播速度和传播范围都远胜从前，企业只有通过打造极致用户体验才能使用户不断裂变。极致用户体验是企业数字化转型的驱动力，将持续驱动企业内部运营管理完善，外部更加灵活地响应市场和用户的需求。

为用户带来商品增值的方法如下。①采用大数据分析技术为商超的卫星仓、地推精确选址。做到从接到小程序的订单开始，到触发拣货、流转、打包，平均仅需 3 分钟，确保 30 分钟内送到用户手上。②精准服务。优品，精准预测销售情况及用户商品偏好；优客，为线下门店洞察用户购物意向，识别目标用户群，优化每个转化环节；优 Mall，以人工智能助力门店，提升用户购物体验，实现对人、货、场的全面数据分析。③建立全国化采购和区域化采购体系，明确供应链分层。例如，上游做特色农业，中游做大件物流，下游做业态创新，最后整合成一个全产业链采购体系，以全产业供应链完成全球商品对接、仓储物流、支付金融的升级。

（二）零售经营数字化 + 供应链释能

线上线下融合发展，零售商超依托电商平台的仓储网络、物流和数字技术转型为数字化零售企业，把用户需求和实体店铺直接打通，打造 1 小时场景生活圈。

1. 数字化零售运营赋能零售企业

以往商超门店使用传统的 POS 机，数字化转型后门店内数码硬件增加扫码购、自助收费机等，实现了平台数据优化打通，用户在支付环节可以直接参加优惠活动。将数字化运营纳入线下平台体系，可进一步提高用户转化率。

接入更多互联网销售渠道，通过线上多渠道帮助商超门店拓深消费市场，通过直播、运营社群等手段帮助商超门店建立私域流量池。与此同时，依托平台全场景布局与物流布局等全产业资源，商超门店不断升级到家服务，通过平台的数字化信息管理工具指导订货、选货、拣货，提高工作效率，加强对库存和到家服务流程的管控。在数字化工具的指导下，快拣仓内收录近两周消费最高频的单品，并根据销量定期调整快拣仓的 SKU 种类、商品订单数量，以节省拣货时间，提高商超门店的工作效率。

2. 供应链平台加速构建内循环

门店数字化转型包括拓展互联网新门店，推进线下店面形态优化，进行数字化升级，以零售云的方式进入低线市场，以及依托社区便利店全面升级到家服务。

在商品体系打通的同时，通过线上平台把仓库、商超、社区便利店与线上 App 里面的用户需求直接打通。进一步向供应链平台发展，向低线城市的社区便利店开放供应链。

（三）加速线上线下一体化，探索全场景数字营销

在业态组成上，向小业态、精品业态发力，推出高端超市、标准超市、便利店等新业态。线下店铺通过一块块可实时变更，可与顾客深度交互的数字商显屏幕进行全场景数字营销。结合电子价签、电子营销屏、智能传感器和人工智能摄像头等多项技术和应用，打造全场景营销平台系统，进而通过全场景多触点终端，形成"收集积累数据—分析数据—应用数据—收集积累数据"的营销闭环系统，帮助企业完成数据资产沉淀及应用管理，赋予卖场以精细化、个性化的精准营销能力。

图 5-13 所示为华润万家的数字商显屏幕，商品数据展示自动匹配绑定商品数量，抓住管理核心，依据生鲜高损耗特点，在不同时段自动显示促销和特价商品，以吸引顾客购买，消耗库存。此外，生鲜看板还可展示相应菜谱，用生动内容吸引客流。农残看板也是一大亮点，可直观展示果蔬类的农药残留检测报告，让顾客安心购买。

图5-13 华润万家的数字商显屏幕

（四）以数字化和互联网方式对传统门店进行改造

传统门店已经不能满足消费者的需求了，因此需要利用数字化和互联网方式对传统门店进行改造，改造以后实体门店将变成线上线下一体化的门店。

1. 数字化为企业赋能

数字化实现过程中，成立数字化的会员中心、商品中心、履约中心。会员中心是消费者运营的核心。商品中心通过数字化的方式将生产者和消费者更好地连接起来，为消费者实现到店到家等各种服务，提高效率，使消费者更满意。履约中心为实现"30分钟送达"创造条件。

数字化改造以后，实体门店在商品陈列方面已经实现了完全数字化管控，整体业务流程的效率得以提高；通过运力管控、智慧路线、智能排班等数字化管控的方式，客户满意度也能得到大幅度提高。

数字化改造离不开管理系统的支撑，管理系统是支撑整个商超线下线上一体化的体系，并且是连接供应商的核心操作系统，特点是全程数字化、统一数据和业务中台、到店到家一台化、模块化，作用是实现管理全员在线，包括会员在线、员工在线、营销在线、商品在线、服务在线、管理在线。

2. 标准化为企业赋能

数字化过程是助推企业标准化的过程，只有标准化才能打造高效率的数字化。例如，物美超市推出"每日鲜"蔬菜系列，蔬菜当天上架当天销售，每天用7种标志进行区分，到时间以后下架，让消费者清晰地了解蔬菜的新鲜度。

当数字技术逐渐成熟，成为新的基础设施，零售业开始有了许许多多创新性的改变。无论是在生产的方式和方法上，还是商业模式上，新的元素都在不断填充着零售业。借助数字化的手段，原本看似无法融通的虚拟经济形态和实体经济形态有了流动性。以此为开端，即使不借助传统互联网平台，零售业的上下游依然可以实现快速、高效的对接。当数字化打破了不同零售形态的壁垒，新的生产关系得以形成。在这样一种全新的生产关系之下，供给者与需求者的界限开始模糊，传统意义上的供给者同样成了需求者，传统意义上的需求者同样成了供给者。供给与需求的融通将会重塑一种全新的生产关系，在这样一种全新的生产关系之下，数字化零售才能真正实现。与传统互联网时代只是将零售放置于平台上不同，数字化零售包括各式各样的新营销形式。这些新营销形式与消费者产生联系的方式和方法，并不只是依靠互联网来实现，而是以数字化的模式来实现的。

学以致用

1. 说一说零售业在数字化供应链改革中面临的挑战。
2. 数字化供应链为零售业的哪些环节带来了改变？
3. 总结传统门店数字化改革的必然性。
4. 思考数字化门店未来的样子。

知春在花

数据显示，2018年我国数字经济市场规模为31.3万亿元，2019年为35.8万亿元，2020年为40.5万亿元。截至2021年11月，我国开通5G基站139.6万个，占全球5G基站总数的比例超过70%，5G终端用户数达4.97亿人。中国信息通信技术自进入 5G 时代以来，正在实现从跟跑、并跑向领跑的转变。在我国新基建全面展开、大规模实施的有力推动下，基础设施的不断完善促进了我国数字经济的发展，2021 年，我国数字经济市场规模已经扩大为 45.8 万亿元。我国庞大的市场和用户群体，为数字经济创新创造了一个十分有利的发展条件。这使得我国互联网巨头的创新成果不断孕育，如阿里巴巴的阿里云、百度的人工智能等，它们已经成为全球领先的云计算和人工智能科技公司。"十四五"规划纲要中提出，到 2025 年，我国数字经济核心产业增加值占 GDP 的比重要由 2020 年的 7.8% 提高至 10%，大数据产业测算规模突破 3 万亿元，年复合增长率保持在 25% 左右，创新性强、附加值高、自主可控的现代化大数据产业体系基本形成。我国数字经济的发展已位于世界前列，全国人民应在党的领导下，为国家的建设不断努力。我们应体会到幸福是靠自己创造出来的，应注意培养民族自豪感和爱国主义精神。

温故知新

一、单选题

1. 数字化零售商品定位的主要依据不包括（　　）。
   - A. 部分消费群体消费习惯的分析
   - B. 商品的特征
   - C. 匹配消费者数据与商品属性数据
   - D. 商品营销模式

2. 关于商品定位的过程的是（　　）。
   - A. 消费者角度
   - B. 商品角度
   - C. 数据模型角度
   - D. 商品优惠活动

3. 数字化选品策略不包括（　　）。
   - A. 商品库
   - B. 限制条件
   - C. 影响选品的因素
   - D. 价格维度

4. 影响选品的因素不包括（　　）。
   - A. 商品季节性
   - B. 核心热卖品
   - C. 价格
   - D. 必备品

5. "爆品"具备的特点不包括（　　）。
   - A. 是用户在意的
   - B. 销售价格可以低于成本
   - C. 有自己的特色，竞品不容易模仿
   - D. 用户能直观地看到

二、多选题

1. 会员制连锁仓储超市的商品特点包括（　　　）。
   A. 全品类，竞品少　　　　　　　　B. 低价格，大包装
   C. 会员制营销模式　　　　　　　　D. 无会员门槛
2. 数字化商品运营模式特征包括（　　）。
   A. 无边界跨界、多场景融合　　　　B. 品牌社群化、客户私域化
   C. 导购数字化、全时空在线　　　　D. 仅针对线上商品
3. C2B 商业模式的构成要素基于（　　）。
   A. 商品本身特点　　　　　　　　　B. 商品解决方案
   C. 消费者个性化需求信息　　　　　D. 企业规模
4. C2B 商业模式的主要特征包括（　　）。
   A. 消费者驱动　　　　　　　　　　B. 以定制方式创造独特价值
   C. 网络化的社会协作　　　　　　　D. 基于互联网和云计算平台

三、判断题

1. 供应链数字化的核心服务价值不包括资金流供应链数字化。（　　　）
2. 传统零售品牌加速数字化升级的路径包括以数字化和互联网方式对传统门店进行改造。（　　）。
3. 极致用户体验的本质是提供超出用户预期的价值。（　　　）

项目实训

⤢ 实训背景

经过一段时间的学习，李艾已经掌握数字化零售运营课程的主体内容，对于门店的数字化改造思路、方法具有一定的认识。教师为了提高学生的数字化零售运营能力，决定将门店数字化改造方案交给学生撰写。

⚒ 实训要求

以小组为单位，根据项目五，请教企业教师，想一想应该从哪些方面进行门店数字化改造，并形成方案，填写表 5-1 和表 5-2。

表 5-1　门店数字化改造计划表

改造项目	改造目标	如何解决问题
用户的数字化改造	实现企业到终端用户的连接，实现用户与商品的连接	

改造项目	改造目标	如何解决问题
数据采集、分析能力	精准、实时地为业务运营和管理提供决策工具	
拓展能力	智能化商品陈列,管理门店的全生命周期	
商品管理能力	以规划为本,实现精细化的商品数据管理,驱动端到端商品与服务运营	
全渠道运营能力	线上线下全方位融合,提供完美的用户体验	
创新孵化能力	降低试错成本,以商品生命周期管理模式运营	
会员管理能力	提供专业化服务,管理会员的黏性、广度与深度	
供应链协同能力	合作发展供应链上下游生态,高效协同,实行智能化补货和定价	
标准化高效管理支撑能力	规范化、标准化后台流程和管控手段,提高决策效率,降低管理成本	
业财一体化能力	打通业务运营和财务管理的链路,提高管控度	
数字化规划和实施能力	打造可持续的、符合最佳实践和门店实际的数字化规划、团队与文化	

表 5-2 门店数字化改造方案

项目名称:

项目周期:

实施方案:

项目组签字确认:

💬 **实训评价**

请教师和学生一起完成表 5-3。

表 5-3 评价表

评价项目		得分
教师评价	门店数字化改造计划表填写完整、细致(20分)	
	门店数字化改造方案思路清晰、可读性强(20分)	
	改造方案的可行性(40分)	
学生互评	对小组成果的贡献度(20分)	
合计		

项目六

数字化零售运营中的法律与道德

职场情境

随着我国法治社会建设的推进和电商新时代的到来，顺应产业革命新趋势，融入数字化发展新阶段，是每一个电商从业人员都要面临的新课题。其中，了解企业运行的相关法律规范，提高法律意识和道德境界，更是不可或缺的重要内容。李艾决定好好学习数字化零售运营的相关法律知识，提高道德水平，让自己成长为合格的电商综合性人才。

学习目标

✈ 知识目标

- 知道合同的内容、形式，以及合同订立的程序。
- 了解不正当竞争行为的种类、特征。

✈ 能力目标

- 能够辨别合同是否有效，利用担保确保合同的履行。
- 能够在具体情境中依据国家的专门法律对营销行为合法性进行判断说明。

✈ 素质目标

- 在就业实践和创业设计中体现出守法守德的品质。
- 具有严格履行合同，违约要承担违约责任的意识。
- 树立合法经营、依法经营的理念，维护规范的市场秩序。
- 树立质量意识，注重信誉。

任务一 订立合同，恪守诚信

任务描述

数字经济、互联网金融、人工智能、大数据、云计算等新技术、新应用的快速发展，催生了一系列新业态、新模式，销售形式也随之发生了变化。无论是实体营销还是网络营销，签署合同是必不可少的环节。如何订立合法有效的合同？怎样判断合同条款是否有效？当合同条款不明确时，又应该如何去履行？带着这些疑问，李艾打开了《民法典》。

任务实施

👤 活动一 依法订立合同

（一）合同的内容与形式

合同是指平等的自然人、法人、其他组织之间设立、变更、终止民事权利义务关系的协议，又称为契约。合同具有以下的法律特征：主体的法律地位完全平等，当事人的意思表示一致，以设立、变更、终止民事权利义务关系为目的。

1. 合同的内容

订立合同是一种民事法律行为。合同的内容是当事人的权利和义务，合同必须包含足以使合同成立的必要条款。合同的必要条款如下。

- 当事人的姓名或者名称和住所。
- 标的。标的是合同权利义务所指向的对象，标的是一切合同必须具备的条款。合同中应清楚地写明标的的名称，以使其特定化。
- 数量。
- 质量。
- 价款或者报酬。

2. 合同的形式

合同是当事人之间意思表示的结合，是当事人思想意志的结合。这种结合不能只停留在脑海之中，需要以外在的形式表现出来。这种外在的表现形式就是合同的形式。《民法典》规定，合同可以采用书面形式、口头形式或者其他形式。

（1）书面形式

书面形式是合同书、信件、电报、电传、传真等可以有形地表现所载内容的形式。书面形式有据可查，有利于保障交易安全，发生纠纷时也易于分清责任。这种形式是当事人普遍采用的一种合同形式。

（2）口头形式

口头形式的合同是当事人就合同内容达成一致的口头协议。优点是迅速、简便，交易效率高。缺点是发生纠纷的时候，举证困难，不易分清是非，不利于交易安全的保护。我们常用的成语"空口无凭"，可以说是对口头形式的合同缺点的概括。口头形式多用于即时清结的合同。即时清结的合同是指订立与履行同时完成的合同。

（3）其他形式

其他形式一般包括推定形式和默示形式。推定形式是指根据当事人的行为或者特定情形能够推定合同成立的意思表示。默示形式是指当事人采用沉默不语的方式对合同表示认可。

（二）合同订立的程序

合同的订立是当事人各方通过平等协商，依法就合同内容达成意思表示一致的过程。任何一份合同，无论采取何种形式，都离不开提出条件到接受条件的过程。这个过程称为要约和承诺。

1. 要约

（1）要约的含义

要约是希望和他人订立合同的意思表示。要约可以向特定人发出，也可以向不特定人发出。如向不特定人发出的悬赏广告，也可以构成要约。根据《民法典》的规定，该意思表示应当符合以下条件。

- 内容具体确定。此项条件要求该意思表示已经具备了未来合同的必要内容。
- 表明经受要约人承诺，要约人即受该意思表示约束。

（2）要约邀请

要约邀请是希望他人向自己发出要约的表示。寄送的价目表、拍卖公告、招标公告、招股说明书、商业广告和宣传等为要约邀请。要约与要约邀请的区别如表 6-1 所示。

表 6-1　要约与要约邀请的区别

区别	要约	要约邀请
效力	要约在撤回上有严格限制	要约的发出人可随意撤回
目的	订立合同	让他人向自己做出要约表示或者使自己能向别人发出要约
内容	包含能使合同成立的必备条款	只是笼统地宣传自己的业务能力、产品质量、服务等
对象	一般针对特定对象	一般针对不特定的大众对象
方式	口头、书面	往往借助电视、广播、报刊等媒体传播
积极答复的结果	承诺	要约

（3）要约的撤销

要约可以撤销。要约的撤销采用通知的方式。在要约生效后、承诺生效前对要约的修改，其效果等于旧要约撤销，新要约产生。如果承诺生效，则合同成立，要约既不能撤回也不能撤销，否则就等于允许当事人撕毁合同。

撤销是指撤销一个已经生效的要约，为了保护受要约人的利益，对要约的撤销应当有所限制。根据《民法典》的规定，有以下情况的要约不得撤销。

- 要约人确定了承诺期限，如"6 月 7 日后价格将失效""请按要求在 3 天内将水泥送至工地""1 个月内款到即发货"。
- 以其他形式明示要约不可撤销，如"我方将保持要约中列举的条件不变，直到你方答复为止""这是一个不可撤销的要约"。

- 受要约人有理由认为要约是不可撤销的，并已经为履行合同做了合理准备工作。如购买原材料、办理借贷手续筹备货款、购买车船机票准备到要约人指定的地点去完成工作等。

（4）要约的失效

我国《民法典》中规定了要约失效的几种情形。

- 要约被拒绝。受要约人在要约规定的承诺期前，就明示予以拒绝，此时要约提前失去约束力。如甲向乙发出要约，要求乙在 10 月 10 日以前答复，乙拒绝的通知书于 8 月 1 日到达甲，此时，要约失效。
- 要约被依法撤销。在符合撤销条件时，要约人可以撤销要约。
- 承诺期限届满，受要约人未作出承诺。要约期限届满，受要约人以沉默的方式表示拒绝，此时要约效力终止，不能自动延伸。
- 受要约人对要约的内容作出实质性变更。这说明受要约人提出了新要约，新要约意味着对原要约的拒绝，原要约失去效力。

2．承诺

（1）承诺的含义

承诺是对要约的接受，是受要约人同意要约的意思表示。承诺与要约结合，方能构成合同。要约是一个诺言，承诺也是一个诺言，一个诺言代表一项债务，两个诺言取得了一致，就构成了一个合同。

（2）承诺的内容

承诺的内容应当与要约内容一致。实践中，受要约人可能对要约的文字乃至内容做出某些修改。《民法典》规定，有关合同标的、数量、质量、价款或者报酬、履行期限、履行地点和方式、违约责任和解决争议方法等的变更，是对要约内容的实质性变更。受要约人对要约的内容作出实质性变更的，为新要约。

（3）承诺的迟发与迟到

受要约人超过承诺期限发出承诺，为承诺的迟发。承诺的表示应当在承诺的期限内发出并到达，否则不能构成承诺，而只能构成新要约。但是，要约人希望成立合同，及时发出了对"迟发承诺"的承认通知，则迟发的承诺取得与承诺相同的效果，这样符合双方的利益。对于迟发的承诺可以用这样一句话来概括：以新要约为原则，以承诺为例外，发出承认通知，承诺才有效。对迟发的承诺，要约人有两次机会，一次是及时发出承认通知，另一次是在合理的时期内对新要约予以承诺。

迟到的承诺是指承诺的表示在发出时虽然不构成迟延，但由于传递故障等原因，到达要约人时超过了承诺的期限。例如，一般信件异地传递时间为 3 天，甲方以信件方式向乙方发出要约的时间是 3 月 1 日，承诺期限是 15 天，乙方接到要约的时间是 3 月 4 日，经考虑，乙方于 3 月 14 日向甲方邮寄接受要约的信件。表示承诺的信件本应于承诺期限的最后一天，即 3 月 16 日到达甲方，但由于自然灾害或者工作人员的失误，3 月 17 日承诺才送达甲方。那么，甲方如果不接受迟到的承诺，必须发出否认通知，否则承诺生效、合同成立。对于迟到的承诺可以用这样一句话来概括：以承诺生效为原则，以承诺不生效为例外，发出否认通知，承诺才无效。承诺迟发与迟到的比较如表 6-2 所示。

表 6-2　承诺迟发与迟到的比较

承诺	发出时间	到达时间	生效条件	无效条件
承诺迟发	迟	迟	要约人发出承认通知	直接视为新要约
承诺迟到	不迟	迟	直接生效	要约人发出否认通知

（4）承诺的撤回

承诺人发出承诺后反悔的，可以撤回承诺，其条件是撤回承诺的通知应当在承诺通知到达要约人之前或者与承诺通知同时到达要约人，即在承诺生效前到达要约人。

承诺可以撤回，但不可以撤销。也就是说承诺尚未生效时，可以取消承诺。如果承诺已经生效，则不能取消，即不能撤销。因为承诺生效，合同成立，如果允许撤销承诺，等于赋予承诺人任意撕毁合同的权利。如此，要约人的利益就得不到实现，交易安全就得不到保护。

3. 合同的成立

依法成立的合同在当事人之间建立起他们追求的法律关系，这种法律关系对当事人具有法律约束力，受法律保护。合同成立与合同订立不同。合同订立强调的是订约的过程，即强调的是要约和承诺的过程。订立所追求的目标就是成立合同，合同成立是订立的结果。合同成立的时间、地点如表 6-3 所示。

表 6-3　合同成立的时间、地点

承诺方式	成立时间	成立地点
通知	送达时	送达地
意思表示	做出行为时	做出行为地
数据电文	进入系统时	收件人主营业地或经常居住地
合同书	签字或盖章时	签字或盖章地
行为替代书面形式	受领时	受领地

学以致用

甲公司给乙公司寄送价目表，要卖给乙公司某品牌小型热水器，价格为每台500元。乙公司发电子邮件给甲公司，称："如果价格能降10%，则购买180台，卖方自电子邮件送到之日起10天内送货。"甲公司回邮件称："同意降价10%，但现本公司只有存货100台，另80台20天后送到。"当天，甲公司派业务员李某押车将100台热水器送至乙公司，乙公司验收，按每台450元付款。李某告诉乙公司，另外80台热水器可在15天内送到，乙公司拒绝。甲公司认为乙公司撕毁合同，10日后，派李某押车将另外80台热水器送至乙公司，乙公司拒收。李某即将热水器放在乙公司的院子里。入夜，天降大雨，热水器全部毁损。双方因此发生争执。

甲公司寄送价目表属于什么行为？乙公司发送电子邮件属于什么行为？甲公司回邮件属于什么行为？乙公司未对甲公司的邮件做出答复，合同成立吗？甲公司送货100台，乙公司收货，双方合同成立吗？甲公司送另外80台，乙公司拒收，合同成立吗？风险应当由谁承担？

【提示：请参考《民法典》对于合同、要约邀请、要约、承诺的相关规定思考并回答。】

活动二　正确使用合同参与经济活动

（一）合同履行的含义

合同的履行指的是合同当事人对规定义务的执行。任何合同约定的义务的执行都是合同的履行；相应地，凡是不执行合同约定义务的行为都是合同的不履行。因此，合同的履行表现为当事人执行合同义务的行为。当合同义务执行完毕时，合同也就履行完毕。

（二）合同履行的原则

1. 诚实信用原则

合同当事人在订立、履行、变更、解除合同时应恪守信用，言行一致，尽最大的善意履行自己的合同义务，实现对方的合同权利。

合同对于义务的约定很难面面俱到，即使有所规定，理解上也可能不一致。合同义务设定的基础也会发生变化。为使合同顺利履行，保障公平的效果，减少争议，法律强调诚实信用原则并以之为合同履行的指导原则。合同应依诚信履行，要求当事人对合同的履行抱有善良的愿望，进行真诚的努力，追求公平的效果。要求当事人在考虑自己利益的同时，尽量考虑、保护对方的利益，根据合同的性质、目的和交易习惯履行通知、协助、保密等义务。

2. 实际履行原则

合同当事人必须严格按照合同约定的标的履行自己的义务，未经权利人同意，不得以其他标的代替履行或者以支付违约金和赔偿金来免除合同规定的义务。

3. 全面履行原则

当事人必须按照合同约定的标的、质量、数量、价款或报酬、履行期限、履行地点、履行方式等要求，全面履行自己的合同义务。

全面履行原则与实际履行原则有区别也有联系。实际履行强调债务人按照合同约定交付标的物或者提供服务，至于交付的标的物或提供的服务是否适当，则无力顾及。全面履行既要求债务人实际履行交付标的物或提供服务，也要求交付标的物、提供服务符合法律与合同的规定。可见，全面履行必然是实际履行，而实际履行未必是全面履行。

4. 情势变更原则

在合同有效成立后，履行完毕前，因不可归责于当事人的原因，合同成立的基础发生变化，如继续履行合同将会造成显失公平的后果。在这种情况下，法律允许当事人变更合同的内容或者解除合同。

（三）正确使用合同

1. 树立合同意识，学会采取书面合同参与民事活动

书面合同既有助于督促当事人履行义务，又可以作为仲裁机构、司法机关仲裁、调解、处理合同纠纷的有力凭证。

订立合同采取何种形式大有学问，有时甚至直接影响到当事人的合法权益。口头形式的合同在现实生活中是一种常见的合同形式。它可以用在一些标的额比较小、权利义务关系相对简单的民事法律关系中，如商店零售、熟人之间的小额借贷等。口头形式的合同适用于能即时清结的合同关系。不能及时清结和较重要的合同不宜采用口头形式。

2. 既要严格履行合同，又要懂得合同的变更、转让和终止

合同签订后，合同当事人就要严格按照合同约定实现各自的权利义务，如果一些主客观原因导致当事人一方不履行合同义务，或者履行合同义务不符合约定，就构成了违约，违约一方应当承担法律责任即违约责任。违约责任是不履行合同义务者应该付出的代价，也是法律对权益受损一方给予的救济。合同在一定条件下可以变更和转让。

（1）合同变更

- 合同变更的含义。合同的变更是指合同内容的某些变化，是在主体不变、标的不变、法律性质不变的条件下，在合同没有履行或没有完全履行之前，由于一定的原因，由当事人对合同约定的权利义务进行局部调整。这种调整通常表现为对合同某些条款的修改或补充。买卖合同标的物数量的增加或减少、交货时间的提前或延后、运输方式和交货地点的改变等都可视为合同的变更。

- 合同变更的前提。合同变更需要满足以下条件：原合同已经生效、未履行或未完全履行，当事人对变更的内容需要协商一致并约定明确，遵守法定程序。无效合同和已经被撤销的合同不存在变更的问题。对可撤销而未被撤销的合同，当事人也可以不经人民法院或仲裁机关裁决，而采取协商的手段，变更某些条款，以消除合同瑕疵，使之成为符合法律要求的合同。

- 合同变更的程序和形式。合同变更通常要遵循一定的程序或依据某项具体原则或标准。这些程序、原则、标准等可以在订立合同时约定，也可以在订立合同之后约定。

合同变更除法律规定的变更和人民法院依法变更外，主要是当事人协议变更。当事人变更合同的合意本身就是合同，因此，合同变更适用《民法典》中关于要约和承诺的规定。希望变更合同内容的一方首先向对方提出变更合同的要约，该要约应包括希望对合同的哪些条款进行变更，如何变更，需要增加、补充哪些内容。对方收到要约后予以研究，如果同意，以明示的方式答复对方，即为承诺，如果不同意，或部分同意部分不同意，也可以提出自己的修改、补充意见，这样双方经过反复协商达成一致。

双方协商一致，确定变更合同，则一般应采取书面形式，以便查考。如果对合同的变更约定不明确，或者变更采用口头形式，发生纠纷后又无其他证据证明合同变更内容的，视为合同没有变更。

如果原来合同是经过公证、鉴定的，变更后的合同应报原公证、鉴定机关备案，必要时还可以对变更的事实予以公证、鉴定。如果按照规定原合同是经过有关部门批准、登记的，合同变更后仍应报原批准机关批准、登记，未经批准、登记的，变更不生效，仍按原合同执行。

（2）合同转让

合同转让即合同权利义务的转让，在习惯上又称为合同主体的变更，是以新的债权人代替原合同的债权人；或新的债务人代替原合同的债务人；或新的当事人承受债权，同时又承受债务。上述 3 种情况，第一种是债权转移，第二种是债务转移，第三种是债权债务同时转移。

债权转移也称合同权利转让，是指不改变合同的内容，由债权人将合同的权利全部或者部分转让给第三人。图6-1所示为债权转移关系图。

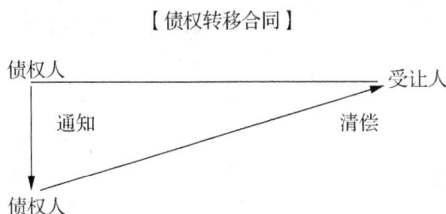

【债权转移合同】

债权人 → 受让人

通知　　　　　　　清偿

债权人

图6-1　债权转移关系图

债务转移是指债务人将合同的义务全部或者部分转移给第三人。图6-2所示为债务转移关系图。

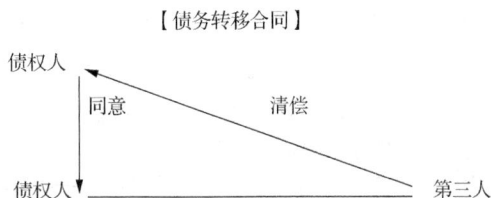

【债务转移合同】

债权人

同意　　　　　　　清偿

债权人 ———————— 第三人

图6-2　债务转移关系图

债权债务同时转移，也称债权债务的概括转移，是指合同一方当事人将自己在合同中的权利和义务一并转移给第三人。这种转移又可分为意定概括转移和法定概括转移。"意定"，取决于当事人的意思；"法定"，取决于法律的规定。

意定概括转移又称为概括承受、合同承受，是指当事人一方经对方同意，将自己在合同中的权利和义务一并转让给第三人。概括转移包含了债务转移，因此必须取得对方当事人的同意。

法定概括转移又称为法定概括承受。这种转移是直接依据法律规定产生的。法定概括转移的原因主要是当事人的合并和分立。合同转让情形的比较如表6-4所示。

表6-4　合同转让情形的比较

情形	原债权人与债权人之间	合同	效果
债权转移	通知	债权让与合同	丧失债权人地位或就转让部分丧失债权
债务转移	同意	债务转移合同	债务人全部免责（失去债务人身份）或就转让部分免责

情形		原债权人与债务人之间	合同	效果
债权债务同时转移	意定概括转移	同意	（概括）转让合同	原当事人丧失债权人、债务人地位
	法定概括转移	合并、分立	法定转移	合并后的主体承继债权、债务，分立后的主体连带债权、债务

（3）合同的权利义务终止

合同是有期限的民事法律关系，不可能永久存续。合同因订立而产生，因履行、解除、抵销、免除等事由而消灭。

合同的终止与合同的变更和转让不同。合同终止后，权利义务关系不再存在；而合同变更或转让后，权利义务关系依然存在。合同终止的原因如表6-5所示。

表6-5　合同终止的原因

履行	正常终止
解除	（1）约定解除：以第二个合同解除第一个合同 （2）法定解除：单方通知解除
抵销	（1）单方通知抵销 （2）约定抵销
提存	（1）以清偿为目的的提存 （2）以担保为目的的提存
免除	（1）免除协议 （2）债权人通知债务人免除
混同	（1）合并（新设合并、吸收合并） （2）被继承人死亡
其他	（1）自然终止 （2）一方当事人死亡 （3）约定的终止期限届至 （4）更新 （5）解除条件成就

3. 学会利用担保确保合同的履行

在经济交往中，各方都应该重合同，守信用，自觉履行义务。《民法典》规定的担保方式有保证、抵押、质押、留置和定金5种。它是促使债务人履行债务、保证债权人实现债权的一种保障措施。

4. 违反合同要承担违约责任

违约责任是违反有效合同构成的责任。

（1）违约行为表现方式

· 履行不能。履行不能指债务人由于某种原因，在客观上不可能再履行债务。例如，要出卖的字画灭失，因天灾、战争而不能履行合同等。

· 拒绝履行。拒绝履行指债务人能够履行债务而拒不履行，这是故意毁约的行为。

· 迟延履行。迟延履行是时间上的履行不符合约定。

· 瑕疵履行。瑕疵履行指主要指标的物的质量不符合要求，也包括履行的数量、规格、方法、地点等不符合要求。

（2）承担违约责任的主要形式

· 继续履行。继续履行指债权人在债务人不履行合同义务时，可请求人民法院或者仲裁机构强制债务人实际履行合同义务。

· 采取补救措施。补救措施包括修理、更换、重作，减少价款或者报酬，退货。

· 赔偿损失。赔偿损失指违约方不履行或不按合同约定履行时，以金钱或实物弥补受损害人损失的责任。

· 支付违约金。违约金是合同当事人约定的，一方不履行合同或履行合同不符合约定条件时，应给付另一方当事人一定数额的货币。违约金是对不能履行或者不能完全履行合同行为的一种带有惩罚性质的经济补偿手段，无论违约的当事人一方是否已给对方造成损失，都应当支付。

· 给付或双倍返还定金。定金是合同订立时，为了保证合同的履行，约定由当事人一方先行给付另一方的货币。合同履行后，定金应当收回或抵作价款。

定金罚则的基本内容：给付定金的一方违约，就丧失了定金，无权要求返还；接收定金的一方违约，根据对等原则，应当双倍返还定金。

定金是预交的违约金，但对定金的数额法律有限制（不得超过标的额的20%），因此定金又不具备违约金完全弥补损失的功能。定金与订金的区别如表6-6所示。

表6-6　定金与订金的区别

区别	定金	订金
法律关系	专门的定金合同	主合同的组成部分
功能	担保功能	为一方当事人履行债务提供一定的资金上的支持
效力	制裁违约方，补偿守约方的定金罚则	收受订金一方违约返还订金，交付订金一方违约仍有权要求返还订金

区别	定金	订金
适用范围	适用于各种合同	只适用于金钱的给付为一方履行债务的合同
数额	不超过主合同标的额的20%	当事人之间自由约定

2022年3月15日，《最高人民法院关于审理网络消费纠纷案件适用法律若干问题的规定（一）》（以下简称《规定》）正式施行。《规定》主要对网络消费合同权利义务、责任主体认定、直播营销民事责任、外卖餐饮民事责任等方面做出规定，共20条。

对实践中较为常见的，电子商务经营者利用其优势地位，制定不公平、不合理的格式条款侵害消费者合法权益的情况，《规定》对认定无效的格式条款进行了列举，并做兜底性规定，直接宣告5类屡禁不绝的"霸王条款"无效，包括收货人签收商品即视为认可商品质量符合约定，电子商务经营者享有单方解释权或最终解释权，排除或者限制消费者寻求法律救济的权利等。

此外，《规定》还明确提出，消费者因检查商品的必要对商品进行拆封查验且不影响商品完好，电子商务经营者不得以商品已拆封为由主张不适用七日无理由退货制度；电子商务经营者与他人签订的以虚构交易、虚构点击量、编造用户评价等方式进行虚假宣传的合同无效；电子商务经营者在促销活动中提供的奖品、赠品或者消费者换购的商品给消费者造成损害，电子商务经营者不得以奖品、赠品属于免费提供或者商品属于换购为由主张免责。

学以致用

1. 我们应该如何辨别合同是否有效？
2. 我们在履行合同时应遵循哪些原则？
3. 结合生活中实例谈一谈我们应该如何使用合同参与经济活动。

如春在花

在市场竞争日益激烈的今天，每家企业都要时刻考虑究竟怎么才能走向市场，如何在市场上获得信任，如何把自己的品牌宣传出去。"守合同、重信用"是企业生存发展之本，是企业的经营底线。企业为了维护经济利益，必须积极履行合同义务，树立企业重承诺、守信誉的良好形象。维护社会秩序，创建良好的经营环境是每个经济生活参与者义不容辞的责任。

任务二　合法经营，公平竞争

任务描述

"2020 年 9 月 18 日，国家市场监督管理总局对瑞幸咖啡等 45 家涉案公司不正当竞争行为做出行政处罚，处罚金额共计 6 100 万元。"在看了中国消费者报的报道之后，李艾陷入了思考。在社会经济快速发展的过程中，许多创业者凭着自己的劳动和智慧战胜了一个又一个竞争对手，将公司不断做大做强，但有些公司不在经营管理和创新求变上下功夫，而是通过各种不正当手段排挤竞争对手。这些不正当竞争手段违反了我国法律和道德的要求，给所有市场经济参与者带来了巨大伤害。李艾决定好好学习《反不正当竞争法》，与各种不正当竞争行为做斗争。

任务实施

活动一　识别不正当竞争行为

（一）不正当竞争行为的含义

不正当竞争行为是针对市场竞争中的正当竞争行为而言的，它泛指经营者为了争夺市场竞争优势，违反公认的商业习俗和道德，采用欺诈、混淆等经营手段排挤竞争对手，扰乱市场经济秩序，并损害其他经营者和消费者利益的竞争行为。

（二）不正当竞争行为的种类

根据《反不正当竞争法》的规定，不正当竞争行为有 7 类。

1. 混淆行为

混淆行为是《反不正当竞争法》规定的 7 类不正当竞争行为中最典型、最多发的一类行为，就是我们俗称的"傍名牌"，即通过仿冒他人商品标识、企业主体标识、生产经营活动标识等，引人将自己的商品误认为是他人商品或者与他人存在特定联系，以借用他人或者他人商品的影响力、美誉度，提高自己以及自己商品的市场竞争力。

《反不正当竞争法》第六条规定，经营者不得实施下列混淆行为，引人误认为是他人商品或者与他人存在特定联系。

（1）擅自使用与他人有一定影响的商品名称、包装、装潢等相同或者近似的标识。

（2）擅自使用他人有一定影响的企业名称（包括简称、字号等）、社会组织名称（包括简称等）、姓名（包括笔名、艺名、译名等）。

（3）擅自使用他人有一定影响的域名主体部分、网站名称、网页等。

（4）其他足以引人误认为是他人商品或者与他人存在特定联系的混淆行为。

2. 商业贿赂

《反不正当竞争法》第七条规定，经营者不得采用财物或者其他手段贿赂下列单位或者个人，以谋取交易机会或者竞争优势。

（1）交易相对方的工作人员。

（2）受交易相对方委托办理相关事务的单位或者个人。

（3）利用职权或者影响力影响交易的单位或者个人。

经营者在交易活动中，可以以明示方式向交易相对方支付折扣，或者向中间人支付佣金。与合法的"回扣""折扣""佣金"的区别在于，贿赂所给予的财物或其他好处不在交易对方的正规账目中予以反映。经营者向交易相对方支付折扣、向中间人支付佣金的，应当如实入账。接受折扣、佣金的经营者也应当如实入账。

在生产经营活动中，经营者应当通过提高劳动生产率、降低商品价格、提高商品质量、改进售后服务等方式，取得交易相对方的认可，以赢得交易机会或者竞争优势。但是，有的经营者通过商业贿赂的方式不当谋取交易机会或者竞争优势，夺走了其他竞争者的交易机会，扭曲了公平竞争的市场机制，扰乱了市场竞争秩序，是典型的不正当竞争行为，应当予以明确禁止。

3. 虚假宣传

《反不正当竞争法》第八条规定，经营者不得对其商品的性能、功能、质量、销售状况、用户评价、曾获荣誉等作虚假或者引人误解的商业宣传，欺骗、误导消费者。经营者不得通过组织虚假交易等方式，帮助其他经营者进行虚假或者引人误解的商业宣传。

虚假宣传案件是全国查处的不正当竞争案件中占比较高的一种类型。有的经营者对其自身企业情况、商品性能、服务质量等作虚假或者引人误解的商业宣传，欺骗、误导了消费者，不正当地抢夺了其他经营者的交易机会，违反了诚实信用原则，扰乱了市场竞争秩序，属于典型的不正当竞争行为，应当予以禁止。

4. 侵犯商业秘密行为

商业秘密是指不为公众所知悉、具有商业价值并经权利人采取相应保密措施的技术信息、经营信息等商业信息。商业秘密在企业竞争中处于十分重要的地位，可谓是企业的核心竞争力。

《反不正当竞争法》第九条规定，经营者不得实施下列侵犯商业秘密的行为。

（1）以盗窃、贿赂、欺诈、胁迫、电子侵入或者其他不正当手段获取权利人的商业秘密。

（2）披露、使用或者允许他人使用以前项手段获取的权利人的商业秘密。

（3）违反保密义务或者违反权利人有关保守商业秘密的要求，披露、使用或者允许他人使用其所掌握的商业秘密。

（4）教唆、引诱、帮助他人违反保密义务或者违反权利人有关保守商业秘密的要求，获取、披露、使用或者允许他人使用权利人的商业秘密。

经营者以外的其他自然人、法人和非法人组织实施前款所列违法行为的，视为侵犯商业秘密。

第三人明知或者应知商业秘密权利人的员工、前员工或者其他单位、个人实施本条第一款所列违法行为，仍获取、披露、使用或者允许他人使用该商业秘密的，视为侵犯商业秘密。

5. 不正当有奖销售行为

有奖销售是指经营者销售商品或者提供服务，附带性地向购买者提供物品、金钱或者其他经济上的利益的行为。在现实世界，有奖销售的奖品是多种多样的，可能是金钱、实物、服务机会、购物折扣等；在网络世界，有奖销售的奖品还可能是会员权限、虚拟货币、视频播放时间、虚拟游戏装备等。有奖销售的奖励形式也是多种多样的，既有奖励所有购买者的附赠式有奖销售，如买一赠一，又有奖励部分购买者的抽奖式有奖销售；既有到店即送等不附特殊条件的奖励，又有满足一定购物金额、消费次数要求才能享受的附条件的奖励；既有随时领取的奖励，又有附兑换期限的奖励等。

有奖销售是经营者参与市场竞争的一种常用手段。经营者通过有奖销售吸引消费者，可以增加市场交易，活跃市场竞争。但是，有的经营者在有奖销售过程中欺骗、误导、不当诱惑消费者，也可能扰乱市场竞争机制，损害消费者或者其他经营者的合法权益，构成不正当竞争。因此，有必要对有奖销售做出规范。

针对经营者进行的有奖销售，《反不正当竞争法》第十条规定了如下3种禁止情形。

（1）所设奖的种类、兑奖条件、奖金金额或者奖品等有奖销售信息不明确，影响兑奖。

（2）采用谎称有奖或者故意让内定人员中奖的欺骗方式进行有奖销售。

（3）抽奖式的有奖销售，最高奖的金额超过五万元。

6. 商业诋毁

《反不正当竞争法》第十一条规定，经营者不得编造、传播虚假信息或者误导性信息，损害竞争对手的商业信誉、商品声誉。

商业信誉是社会对经营者从事的经营活动所做出的全面评价。这种评价反映了经营者的商业形象，形成了属于经营者的一种具有财产内容的特定的信誉。

在市场竞争中，尤其是同行业的竞争中，竞争者应当通过自己的努力，建立、维护自己的商业信誉、商品声誉，以取得交易伙伴、消费者的信任，赢得更多交易机会和竞争优势。但是，有的经营者通过编造、传播虚假信息或者误导性信息，损害竞争对手的商业信誉、商品声誉，以破坏竞争对手的交易机会和竞争优势，这就构成了商业诋毁。商业诋毁不但损害了其他经营者的合法权益，而且向消费者提供了错误信息，干扰了消费者的正常交易选择，扰乱了市场竞争秩序，是一种典型的不正当竞争行为，应当予以严格禁止。

例如，2019 年 10 月 21 日，浙江武义的锅具品牌康巴赫在《羊城晚报》刊登了一整版广告，广告形式上是一封"感谢信"，内容上矛头却直指另一行业头部品牌苏泊尔，暗示其产品专利侵权，康巴赫声称对蜂窝不粘技术持有发明专利。苏泊尔向杭州市中级人民法院提起诉讼，2021 年 6 月 2 日，浙江省高级人民法院对康巴赫商业诋毁苏泊尔案做出终审判决，判决康巴赫商业诋毁成立，15 日内公开道歉并赔偿 300 万元。

7. 网络领域不正当竞争行为

近年来，随着互联网技术和商业模式的快速发展，网络领域涉及不正当竞争的纠纷不断出现。这些行为大体分为两类。一类属于传统不正当竞争行为在网络领域的延伸。例如，利用网络实施混淆仿冒、虚假宣传、商业诋毁等不正当竞争行为。这类网络领域不正当竞争行为与传统经济领域内的不正当竞争行为相比，只是因为网络领域的特点而呈现出不同的表现形式，并不存在实质上的区别。另一类属于网络领域特有的、利用技术手段实施的不正当竞争行为。这类行为不同于传统经济领域内的不正当竞争行为，属于随着网络技术的发展而出现的新情况。

《反不正当竞争法》第十二条规定，经营者利用网络从事生产经营活动，应当遵守本法的各项规定。经营者不得利用技术手段，通过影响用户选择或者其他方式，实施下列妨碍、破坏其他经营者合法提供的网络产品或者服务正常运行的行为。

（1）未经其他经营者同意，在其合法提供的网络产品或者服务中，插入链接、强制进行目标跳转。

（2）误导、欺骗、强迫用户修改、关闭、卸载其他经营者合法提供的网络产品或者服务。

（3）恶意对其他经营者合法提供的网络产品或者服务实施不兼容。

（4）其他妨碍、破坏其他经营者合法提供的网络产品或者服务正常运行的行为。

🎓 学以致用

江苏省张家港市某化工有限公司于 2006 年在阿里巴巴网站注册，随后在网站发布了企业自身及产品介绍，宣称"公司是有机合成药物中间体、原料药的开发、生产企业，拥有固定资产 1 000 万元，占地面积 5 万平方米，年销售额 3 000 万元，技术力量雄厚，检测设备先进，新产品开发及科研成果转化能力均优于国内同行"。经江苏省张家港市工商行政管理局核实，该公司只是一家普通的贸易企业，不从事化工产品开发、生产，没有什么固定资产，办公场所只有 100 多平方米，年销售额只有几百万元。

该公司的行为是否构成不正当竞争行为？如果构成，属于哪一种不正当竞争行为？

👤 活动二 认清不正当竞争行为的特征和法律责任

（一）不正当竞争行为的特征

1. 违法性

不正当竞争行为的违法性主要表现在违反了《反不正当竞争法》的规定，违反了自愿、平等、公平、诚实信用原则或违反了公认的商业道德，损害了其他经营者的合法权益，扰乱了社会经济秩序。

2. 侵权性

不正当竞争行为采用不正当的手段破坏市场竞争秩序、损害其他经营者的合法权益，使守法的经营者蒙受物质与精神上的双重损害。另外，一些不正当竞争行为还有可能损害消费者的利益，如虚假广告与欺骗性有奖销售等。

3. 危害性

与一般侵权行为相比，不正当竞争行为危害了市场竞争机制的正常作用。市场经济必然存在竞争，但它要求市场主体公平竞争、合法竞争。不正当竞争行为有悖于市场经济机会均等、公平竞争的原则，会破坏公平竞争机制，导致市场经济秩序的混乱，既是不道德的，也是违法的。

4. 多样性

不正当竞争行为的表现形式日益多样化。例如：在不正当有奖销售案件中，以往的商家都是让消费者先购买商品再参加抽奖，现今越来越多的经营者告诉消费者"无须进店购物就可以抽取大奖"；在商业诋毁案件中，一些经营者不再直接诋毁竞争对手的商业信誉和商品声誉，而是通过商品对比等方式间接毁损对方商誉；在虚假宣传案件中，一些不法分子借助的媒介也从报纸、电视等传统媒体，扩展到微博、微信等新媒体。

新的不正当竞争行为层出不穷。例如，互联网领域发生的流量劫持、客户端干扰、商业抄袭、软件拦截等行为，这些行为严重影响了网民对网络的正常使用和自由选择，也损害了相关经营者的合法权益。在限制竞争方面，也出现了一方利用在交易中的相对竞争优势损害交易对方利益的现象，如汽车4S店强制消费者购买其指定保险公司的车险。

不正当竞争行为的范围不断扩大。例如：最常见的仿冒行为从假冒他人注册商标，仿冒知名商品特有名称、包装、装潢等，扩大到仿冒他人知名的商业外观、域名等商业标识；虚假宣传行为从单纯的对商品成分、性能等进行夸大宣传，扩大到对企业自身形象进行虚假宣传，如夸大员工数量、代理商级别等；商业贿赂行为由传统的制造业向医药、金融、旅游等现代服务业延伸。

5. 隐蔽性

不正当竞争行为隐蔽性越来越强，有时甚至披上"合法"外衣。如仿冒手段已从过去简单的抄袭模仿，变为利用商标和企业名称之间的不同来制造市场混淆。

（二）不正当竞争的法律责任

市场经济中的竞争有价格竞争、产品质量竞争、服务质量竞争、品牌竞争等多种形式。竞争是市场经济的必然要求，优胜劣汰是竞争的根本法则。市场经济好比体育竞技，要公平竞争。我国的《反不正当竞争法》《产品质量法》《广告法》等确立了有关市场公平竞争和诚信经营的规则。

《反不正当竞争法》规定，经营者只要实施了各种不正当竞争行为以及与不正当竞争有关的违法行为，就要承担相应的法律责任。法律责任包括民事责任、行政责任和刑事责任。

1. 民事责任

不正当竞争行为民事责任是指市场经营者违反法律规定，实施了不正当竞争行为，给其他经营者的合法权益造成了非法侵害所要承担的民事法律后果。不正当竞争行为的损害赔偿责任是一种因侵权行为而承担的民事责任。

《反不正当竞争法》规定，如果经营者的不正当竞争行为给其他经营者的合法权益带来损害，经营者应承担民事责任。因不正当竞争行为受到损害的经营者的赔偿数额，按照其因被侵权所受到的实际损失确定；实际损失难以计算的，按照侵权人因侵权所获得的利益确定。经营者恶意实施侵犯商业秘密行为，情节严重的，可以在按照上述方法确定数额的一倍以上五倍以下确定赔偿数额。赔偿数额还应当包括经营者为制止侵权行为所支付的合理开支。

2. 行政责任

行政责任以行政违法为前提，其后果则是行政制裁。《反不正当竞争法》规定的行政责任的承担，要通过不正当竞争行为的监督检查部门对不正当竞争行为的查处来实现。

《反不正当竞争法》规定的行政处罚形式主要有以下几点。

（1）责令停止违法行为。

（2）消除影响。

（3）罚款。

（4）没收违法所得。

（5）吊销营业执照。

此外，对不正当竞争者还可进行信用惩戒等。《反不正当竞争法》第二十六条规定，经营者违反本法规定从事不正当竞争，受到行政处罚的，由监督检查部门记入信用记录，并依照有关法律、行政法规的规定予以公示。

📋 抛砖引玉

2021年10月8日，针对美团在我国境内网络餐饮外卖平台服务市场实施"二选一"垄断行为，市场监管总局对其进行34.42亿元的行政处罚。对此，美团回应称，将以此为戒，依法合规经营，自觉维护公平竞争秩序，切实履行社会责任，更好地服从和服务于经济社会发展大局，努力为国家经济高质量发展多做贡献。

3. 刑事责任

刑事责任是行为人违反刑事法律规定，依法应接受刑罚制裁的法律后果。不正当竞争的刑事法律责任是指经营者在市场经济活动中，违反《反不正当竞争法》，情节严重因而构成犯罪，依法应当承担的以刑罚为处罚形式的法律责任。其包括实施不正当竞争行为的经营者的刑事责任和监督检查不正当竞争行为的国家机关工作人员的刑事责任。

刑事责任适用于那些对其他经营者、消费者和社会经济秩序造成严重损失、情节恶劣的不正当竞争行为。《反不正当竞争法》第三十一条规定，违反本法规定，构成犯罪的，依法追究刑事责任。该法只对经营者承担刑事责任做了原则性规定，具体刑事罪名及刑事责任的确定，对照《刑法》的相应规定，主要有侵犯商业秘密罪，损害商业信誉、商品声誉罪，虚假广告罪，销售伪劣商品罪，行贿罪与受贿罪，串通投标罪等。

🎁 学以致用

泰格斯公司成立于 2013 年，系一家提供机动车维修保养历史信息查询的服务商。用户通过其经营的"车鉴定"网站，可付费查询机动车的维修保养、交通事故、车况等历史数据。泰格斯公司据此向用户出具相应的查询报告，为二手车交易提供参考定价。酷车易美公司成立于 2016 年，其推出的"查博士"产品，也为用户提供二手车维修保养历史数据的有偿查询服务，与"车鉴定"具有相同功能。张某是泰格斯公司员工，案外人王某是酷车易美公司员工。2016—2017 年，张某根据王某的指示，通过微信等形式向王某传送了泰格斯公司的用户名单、用户交易记录、定价策略等信息。后张某的上述行为被发现。泰格斯公司认为张某是商业间谍，其侵害商业秘密的不正当竞争行为造成了泰格斯公司重大损失，遂向法院提出诉讼，请求判令酷车易美公司、张某停止侵权、消除影响并共同赔偿经济损失及合理费用共计 2 000 万元。

法院审理认为泰格斯公司主张的用户名单、用户交易记录、定价策略等符合商业秘密的构成要件，属于商业秘密。酷车易美公司和张某严重侵害了泰格斯公司的商业秘密，应当共同承担法律责任。

法院裁判结果：①被告酷车易美公司、被告张某于本判决生效之日起立即停止涉案不正当竞争行为；②被告酷车易美公司、被告张某于本判决生效之日起三十日内履行在财新网上登载声明的义务，该声明需连续登载三十日，给原告泰格斯公司公开消除影响；③被告酷车易美公司、被告张某于本判决生效之日起十日内共同赔偿原告泰格斯公司经济损失及合理费用共计 130 万元。当然，被告张某因严重违反劳动纪律和职业道德，理应被原告解除劳动合同。

1. 你如何评价酷车易美公司和张某的行为？
2. 法院裁判酷车易美公司和张某承担了怎样的法律责任？
3. 张某被解除劳动合同，你对此有什么思考？

抛砖引玉

　　按照国家市场监督管理总局的统一部署，2022 年 11 月 14 日至 18 日，首届中国公平竞争政策宣传周活动开展。本次宣传周以"统一大市场 公平竞未来"为主题，采取中央地方同步开展、线上线下一体推进的方式，通过地铁、公交车等平台集中发布公平竞争公益广告和各类普法宣传视频，面向行政机关、社会公众和市场主体举办专题培训、政策解答、知识竞赛、交流座谈等活动，多维度、全方位宣传《反垄断法》《反不正当竞争法》等法律法规，大力培育和弘扬公平竞争文化，强化公平竞争理念，促进公平竞争合规，营造有利于公平竞争的社会环境。本次宣传周组织开展各类宣传倡导活动 100 项，其中，国家层面有关部门和单位活动 30 项，各地市场监督管理部门活动 70 项。

　　宣传周期间，很多活动受到网民高度关注，仅知识竞赛参与人员就达 50 多万人次，宣传周主题海报、公益广告和宣传视频曝光量超过 1 100 万次。宣传周通过全社会参与、全平台全场景覆盖，对在全社会大力培育和弘扬公平竞争文化、引导各类市场主体强化公平竞争和合规经营意识发挥了重要作用。

（来源：国家市场监督管理总局）

学以致用

　　1. 经济生活中为什么需要正当竞争？

　　2. 搜集经济生活中不正当竞争的案例，对于实施了不正当竞争行为的企业和个人承担的法律责任进行整理。

　　3. 面对竞争激烈的市场，如何提高自己的守法守德意识。

如春在花

　　社会主义市场经济是法治经济，合法经营是国家、社会对企业的基本要求，企业只有做到依法经营管理，才能成为真正的市场主体，才能建立规范有序的市场秩序，才能展开公平竞争。优胜劣汰又是市场机制运行的必然结果。正当的竞争必须是竞者者通过付出劳动而进行的诚实竞争、公平竞争，这样才能确保广大消费者的合法权益。越是健康的市场经济环境，越需要对不正当竞争零容忍。对于角落之中的"玩火者"，经营者们应高度警觉，构筑好"防火墙"，必要时可以拿起法律的武器捍卫自己的合法权益。

温故知新

一、单选题

　　1. 甲公司于 2 月 5 日以普通信件向乙公司发出要约，要约中表示以 2 000

元／吨的价格卖给乙公司某种型号钢材 100 吨，甲公司随即又发了一封快信给乙公司，表示原要约中的价格作废，现改为 2 100 元／吨，其他条件不变。普通信件于 2 月 8 日到达，快信于 2 月 7 日到达，乙公司均已收到两封信，但秘书忘了把第二封信交给董事长，乙公司董事长回信对普通信件发出的要约予以承诺。请问甲、乙之间的合同是否成立，为什么？（　　　　）

  A.　合同未成立，原要约被新要约代替

  B.　合同未成立，原要约被撤销

  C.　合同成立，快信的意思表示未生效

  D.　合同成立，要约与承诺取得了一致

 2.　下列情形中，属于正当竞争行为的是（　　　　）。

  A.　擅自使用他人的企业名称   B.　季节性降价

  C.　盗窃权利人的商业秘密   D.　在商品上伪造认证标志

 3.《消费者权益保护法》第二十五条规定，经营者采用网络、电视、电话、邮购等方式销售商品，消费者有权自收到商品之日起（　　　　）内退货，且无须说明理由，但下列商品除外：（1）消费者定作的；（2）鲜活易腐的；（3）在线下载或者消费者拆封的音像制品、计算机软件等数字化商品；（4）交付的报纸、期刊。

  A.　一个月   B.　十五日   C.　七日   D.　三日

二、多选题

 1.　经营者不得（　　　　）。

  A.　对消费者进行侮辱、诽谤

  B.　侵犯消费者的人身自由

  C.　搜查消费者的身体及携带的物品

  D.　拒绝消费者索要服务单据的要求

 2.　根据《反不正当竞争法》的规定，经营者在市场交易中，应当遵循的原则有（　　　　）。

  A.　自愿   B.　平等   C.　公平   D.　诚实信用

 3.　销售者在产品质量方面承担民事责任的具体形式有（　　　　）。

  A.　修理   B.　更换   C.　退货   D.　赔偿

 4.　合同的内容由当事人约定，一般包括（　　　）条款。

  A.　当事人的姓名或者名称和住所

  B.　标的、数量、质量、价款或者报酬、履行期限、地点和方式

  C.　违约责任

  D.　解决争议的方法

三、判断题

1. 合同中的双方应遵守诚实信用原则。（　　　）

2. 《消费者权益保护法》中仅规定了消费者权利，没有规定消费者义务。（　　　）

3. 引人误解的广告不属于不正当竞争行为。（　　　）

4. 一方以欺诈、胁迫的手段或者乘人之危，使对方在违背真实意思的情况下订立的合同，当事人一方有权请求人民法院或者仲裁机构变更或者撤销。（　　　）

项目实训

⤧ 实训背景

在现代社会，广告可谓无孔不入。大街小巷挂着各式广告牌，公交车、地铁、电梯里都会见到大小不等的广告，打开电视有看不完的广告，上网浏览网页也不时弹出小广告。作为产品代言人，文艺界、体育界知名人士更是无处不在。但有不少知名人士因广告夸大其词而被消费者投诉，甚至被告上法庭。还有不少的代言产品竟是查不到广告批号和卫生许可证的"黑户"。

除了广告，日常生活中经常还会看到类似"商品售出概不退换""打折商品概不三包"等格式条款，这些条款实质上违背了法律对企业"追求产品和服务的高质量"的要求，却屡见不鲜。

✖ 实训要求

1. 做一次"知名人士代言产品质量"的调查活动。选择一个案例，结合相关的法律进行分析。

2. 分组走访收集产品销售者出示的"格式条款"，将收集的格式条款进行分类，根据法律规定讨论分析其是否违法。

💬 实训评价

请教师和学生一起完成表 6-7。

表 6-7　评价表

	评价项目	得分
教师评价	参与实训活动的程度（20分）	
	实训作品反映出的思维深度（10分）	
	实训作品发现问题的角度（10分）	

续表

	评价项目	得分
教师评价	实训作品解决问题的能力（10分）	
	实训作品反映出的个人职业素养（10分）	
学生互评	实训前认真准备，参与方案设计的研讨（10分）	
	实训过程中小组合作的能力（10分）	
	实训任务中提供素材的质量（10分）	
	实训中讨论与完成项目的质量（10分）	
合计		